CULTURA MASÓNICA

Revista temática de francmasonería

(Desde 6009 VL)

CULTURA MASÓNICA es una revista trimestral de carácter temático en formato libro. En cada número se aborda en profundidad un aspecto de la masonería de la mano de auténticos especialistas en la materia. Su rigurosidad a lo largo de años de trabajo metódico y puntual la han convertido en una de las mejores publicaciones de masonería del mundo.

CULTURA MASÓNICA
Revista temática de masonería

N.º 60 | Enero 2025

Ilustraciones de portada:
Grabados de Johan Sadeler
(1550- 1600)

Ilustración de cubierta interior:
Francesco Pesellino, 1450 (Florencia)

Al servicio de la
FRANCMASONERÍA UNIVERSAL

DIRECTOR
David Suárez Dorta

EDITOR
Ignacio Méndez-Trelles Díaz

DISEÑO EDITORIAL
Oliver Méndez-Trelles Pattist

REDES/COMUNICACIÓN
Marta Tejedor

ENSAYISTAS
Alberto Moreno Moreno
Alfonso Marcuello
Francisco Ariza
Francisco Estupiñán Bethencourt
Galo Sánchez-Casado
Gaston Clerc
Jorge Rodríguez Ariza
Josep-Lluís Domènech Gómez
Josué Bonnín de Góngora
Juan Almirall Arnal
Luis Antonio Muñoz
Luis Plà
Nicola Lococo

© Editorial MASONICA®
www.masonica.es

ENTREACACIAS, S.L.
[Sociedad editora]
  c/Covadonga, 8
  33002 Oviedo-Asturias
  (España)

      info@masonica.es
      pedidos@masonica.es
      admin@masonica.es
      redes@masonica.es

ISSN: 2171-1968
ISBN (edición impresa): 979-13-87560-02-7
ISBN (edición digital): 979-13-87560-03-4
Depósito Legal: AS 00238-2021

Impreso por Podiprint
Impreso en España

SUMARIO
Año XVI / N.º 60 / ENERO 2025

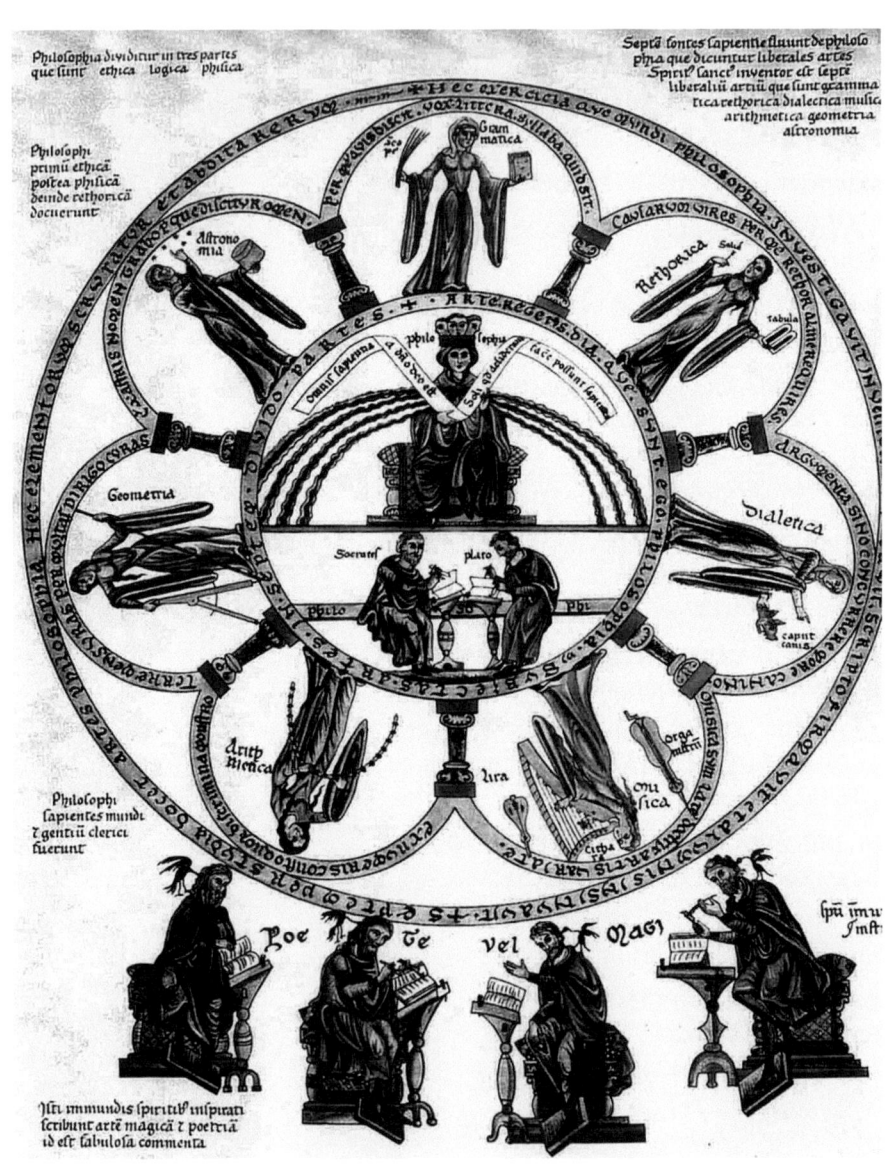

Las siete artes liberales
Imagen del *Hortus deliciarum* de Herrada de Landsberg (siglo XII)

LAS ARTES LIBERALES
EN MASONERÍA

Continuando con la labor de escudriñar los diferentes componentes que configuran el complejo puzle de la masonería, nos acercamos a uno que sí formaba parte del legado que nos llega desde el mundo medieval. De hecho, era el patrón que en la Europa de esos tiempos se tenía sobre cómo acceder al conocimiento.

Nos referimos a las Artes Liberales, por lo que veremos sobre el origen de estas, y de cómo el mundo cristiano articuló la escalera del saber basándose en esas siete disciplinas.

Por supuesto, conoceremos el origen pitagórico de este modelo, así como la cosmovisión y la antropovisión que subyace en el mismo.

Igualmente, se exponen algunas de tales artes más vinculadas a los modos masónicos actuales. Incluso, sobre cómo se incrustaron en el ritual del segundo grado, el de Compañero.

Quizá lo más importante es acceder a los significados, antiguos y modernos, que estas disciplinas representan para la Orden, pues eso es parte del camino que se traza para el masón moderno. En relación a esto, haremos una especial parada en la música, ya que esta posee una significación especial en los usos actuales de la logia.

Como es costumbre, lo haremos desde diferentes ópticas, ritos, tradiciones y fórmulas, logrando así percibir el variado acervo cultural del que la masonería es heredera.

DAVID SUÁREZ DORTA

Galo Sánchez-Casado es Licenciado en Sociología, Comunicación Audiovisual y Máster en Comunicación. Su trayectoria profesional se ha desarrollado principalmente en el mundo de la comunicación, tanto en periodismo como en publicidad.

Autor de los libros *Los Altos Grados de Masonería* (Akal), *El Templo de Salomón y las Leyendas Masónicas* (Obelisco), *El Manuscrito Francken* (MASONICA) y *Los Grandes Elegidos Caballeros Kadosch* (MASONICA); y las obras colectivas *Reflexiones masónicas sobre la educación* (MASONICA), *Un mundo mejor es posible y necesario* (Taranna) y *Reflexiones sobre la ética* (Taranna). Ha prologado y traducido a Arturo Reghini en *El número Sagrado*, a Albert Mackey en *El simbolismo de la Masonería* y a Arthur Edward Waite en la *Nueva Enciclopedia de la Masonería*, todos publicados por editorial Obelisco.

Grado 33.º del Rito Escocés Antiguo y Aceptado y grados 66.º y 95.º del Rito de Menfis-Mizraim. Ha sido director de la revista *Zenit* del Supremo Consejo para España, editor de la revista *Latomia* de la GLE y director de la revista *Fiat Lux* de la GLREMM. Además de colaborador de *Cultura Masónica* y de otras revistas masónicas.

Ha impartido varios cursos de verano en Universidades de Tenerife, Málaga, Granada y múltiples conferencias en varias ciudades de España. Actualmente, es director de la Cátedra Masónica.

Fue iniciado en la logia San Juan de Cataluña, n.º 1 (G.L.E.) y ha sido Gran Ministro de Estado del Supremo Consejo del grado 33º y último del REAA para España, Gran Inspector de la Gran Logia de España y Gran Canciller-Orador de la GLREMM.

Apasionado del Rito Escocés Antiguo y Aceptado, siempre le ha interesado conocer otros ritos, por lo que también es miembro de Menfis-Misraim, Mark Mason, Royal Arch del rito de York, además de haber practicado el rito de Emulación, Schroëder, o Escocés Rectificado.

En su trayectoria como masón ha sido siempre la de restaurar el sentido original de la masonería, haciendo prevalecer la misión espiritual de la misma por encima del mercantilismo y oponer la Iniciación a la voluntad de poder. Un combate a veces difícil de conseguir. Es miembro de otras organizaciones iniciáticas.

LAS
SIETE
ARTES
LIBERALES

Galo Sánchez-Casado

Los orígenes remotos del sistema de artes liberales se pierden en la bruma de la antigüedad. Seguramente se remontan a los primeros intentos de desarrollar un plan de estudios destinado a establecer la base de una cultura intelectual sólida en una época muy antigua. Los hindúes, por ejemplo, ya identificaban las diez «ciencias auxiliares» que preparaban a uno para comprender los Vedas. En Egipto, por su parte, se imponía a los sacerdotes el estudio de una serie de disciplinas para formarlos en su misión religiosa, pero sobre todo social.

En Atenas, desde el período clásico, la educación primaria ya era obligatoria e incluía el estudio de la gramática, aritmética, geometría, música y astronomía. Estas escuelas preparaban a los jóvenes atenienses para asistir a las escuelas superiores de filosofía. Plutarco y Filón se refieren a estas disciplinas como el «círculo de la educación» o «el círculo de la ciencia».

LAS SIETE ARTES LIBERALES

En el año 500 a. C., Pitágoras impartió lecciones sobre los elementos del quadrivium en una comunidad donde la igualdad era un principio fundamental, tanto en términos materiales como morales, incluyendo a hombres y mujeres por igual.

Sócrates en sus discusiones sobre los ideales de la educación, revela su modelo de la continuidad de la conciencia, representado como una «línea» que va desde los comienzos del conocimiento consciente hasta el Entendimiento Unificado, es decir, la Noesis. Este modelo consta de cuatro etapas que son la división de la «línea ontológica». La primera división es entre el mundo Inteligible y el Sensorial, entre Mente y Materia. La segunda la divide en Estimaciones y Opiniones. En el mundo Sensorial, incluso las opiniones correctas se basan en la experiencia sensorial, mientras que en el mundo Inteligible nos encontramos con el conocimiento verdadero y objetivo.

La última división superior es Nous o Inteligencia del Cosmos, donde el conocedor, lo conocido y el conocimiento se fusionan en Uno. Este es el objetivo y la fuente de todo saber. Así, a través del quadrivium, el buscador sincero puede recuperar su comprensión interior de la naturaleza del universo y su papel en él, ya que él mismo es una parte inseparable.

A lo largo de un milenio, la evolución de las artes liberales se expandió tanto en alcance como en influencia. Originalmente denotaba la educación de la élite centrada en los estudios clásicos. En un esfuerzo casi frenético por preservar la civilización clásica para los nuevos gobernantes de Italia, Boecio, que fue a la vez el último romano y el primer escolástico, se quedó en el reino ostrogodo para impartir los conceptos básicos del trivium y el quadrivium. Mientras tanto, las primeras instituciones educativas de Europa comenzaron a destilar el aprendizaje en siete disciplinas básicas, denominadas colectivamente las «siete artes liberales».

Como vemos, el término «artes liberales» es una expresión que se origina en la época medieval y que proviene de la antigüedad clásica. Se refiere a las artes (disciplinas académicas, oficios o profesiones) practicadas por personas libres, en contraposición a las artes serviles. Según Hugues de Saint Victor, las artes mecánicas son el opuesto de las artes liberales. Aunque algunas de estas artes mecánicas se pueden encontrar representadas en la puerta de determinados templos, como la fabricación de lana, navegación, agricultura o caza, sin embargo, en su conjunto son ajenas a la vida masónica. Este conjunto de las siete artes liberales, que incluían el trivium y quadrivium: tres habilidades básicas que se enseñaban primero, seguidas de cuatro temas más avanzados del arte medieval y de la Edad Moderna, fueron siempre personificadas como figuras femeninas.

La distinción entre artes liberales y actividades manuales en la Edad Media reflejaba los diferentes ámbitos del conocimiento grecorromano. El término «artes liberales» se remonta al siglo V por la obra *Satyricon o De Nuptiis Philologiae et*

LAS SIETE ARTES LIBERALES

Mercurii et de septem Artibusliberibus libri novem del escritor latino Martianus Capella, que hace referencia al rechazo de las prácticas manuales en todas las disciplinas espirituales e intelectuales. El término «liberal» sugiere una dedicación ilimitada a la búsqueda de la verdad.

El programa educativo de Alcuino estableció las artes liberales como un componente fundamental del currículo. En las universidades medievales, el trivium fue reemplazado por los estudios avanzados del quadrivium, un sistema conocido como «educación clásica». Este marco permaneció prácticamente inalterado hasta la aparición del Renacimiento del siglo XII.

En la actualidad, las artes liberales se ven como un campo muy amplio que engloba todas las artes y ciencias. Se caracterizan por promover un estilo interdisciplinario en la investigación, diálogo y conocimiento, más que por los temas específicos estudiados. Las siete artes liberales tradicionales, tal como las describió Platón en su obra *La República*, se consideran las habilidades y áreas de conocimiento fundamentales que todo ciudadano libre y bien educado debe poseer. Estas incluyen: Gramática, Lógica, Retórica, Aritmética, Astronomía, Música y Geometría. Platón menciona lo que hoy conocemos como quadrivium al describir la educación ideal para un rey filósofo.

La innovación de Platón fue considerar estos temas como parte esencial de la educación del rey filósofo, un gobernante ideal con sabiduría y amor, según se describe en su obra *La República*, que debía estudiar prácticamente toda su vida para gobernar con justicia y madurez. Las materias del quadrivium también se entendían y enseñaban de forma generalizada.

Aunque los griegos no creían realmente que debían limitarse a solo siete temas. Más bien consideraban que al aprender esos siete temas les proporcionarían las herramientas necesarias para abordar cualquier otro tipo de aprendizaje que surgiera en la vida. Ya fuera crear la democracia o escribir obras de teatro, no importaba. Creían que al dominar estas siete artes tenían todo lo necesario para emprender su propia educación en cualquier ámbito.

En la antigua Roma, con el surgimiento de la democracia, cada ciudadano se consideraba en parte rey. Los romanos adoptaron las filosofías antiguas y unieron el trivium y el quadrivium como el tipo de educación adecuado para todos los ciudadanos libres y soberanos de la República Romana. De hecho, la terminología proviene del latín, no del griego.

> TRIVIUM: Término latino que designa el lugar de encuentro de tres caminos.
> QUADRIVIUM: Término latino que designa el punto de encuentro de cuatro caminos.

A medida que el mundo occidental emergió de la antigüedad, los académicos y universidades medievales adoptaron el trivium y el quadrivium como la forma perfecta de educación superior. El trivium era esencial para los aspirantes a la licenciatura, mientras que el quadrivium, más avanzado, formaba la base de la educación de magister.

En esta búsqueda del conocimiento humano, los saberes paganos pueden y deben ser de utilidad: como cuando el pueblo de Israel se enriqueció con los tesoros de Egipto. San Agustín, en el libro II de *Doctrina Cristiana*, explica extensamente cómo el exegeta de la Biblia puede hacer uso de diversas disciplinas profanas como lenguas, ciencias naturales, aritmética, música, historia, geografía, botánica, geología, astronomía, artes mecánicas, dialéctica, retórica, matemáticas y algunas doctrinas filosóficas relacionadas con la moral o la religión, para ayudarse en el estudio de la Palabra divina.

Sin embargo, el programa educativo propuesto por san Agustín abarca mucho más que las siete artes. Aunque en algunas ocasiones se adhiere al sistema de las artes liberales, confiesa en las RETRACTACIONES[1] su intención original de componer tratados sobre cada una de las siete disciplinas al momento de su creación, habiendo logrado escribir solo el *Tratado de Gramática* y parte del *Tratado de Música*.

Casiodoro, en el siglo VI, intentó cristianizarlas y sistematizarlas en sus *Institutiones Saecularium Litterarum*. Estas artes liberales se popularizaron en las escuelas monásticas y catedralicias de la Alta Edad Media y se establecieron como *trivium et quadrivium* a finales del siglo VIII, cuando Alcuino de York las incorporó al currículo educativo de la Escuela Palatina de Aquisgrán.

Thierry de Chartres considera que el quadrivium que ilumina la inteligencia, debe unirse al trivium que le da una expresión correcta a través de la gramática, racionalidad por medio de la lógica y adornada con la retórica. Esta idea retoma la metáfora nupcial utilizada por Marciano Capella en su libro *Las nupcias de Filología y Mercurio*,[2] aunque la vacía de contenido. En «Las Nupcias» se describen las siete artes liberales en los libros III al IX, tanto en términos de carácter como de conocimiento, y se ponen al servicio de uno de los esposos, Mercurio, quien las ofrece como regalo de bodas a la Filología. Esta última ya cuenta con sus sirvientes, las siete artes adivinatorias mencionadas en el Libro IX.

---

[1] Las retractaciones de San Agustín forman parte fundamental de su legado y de la historia de la Iglesia. Estas revisiones y correcciones reflejan su crecimiento espiritual y su voluntad de interrogar y reformular sus convicciones con el fin de alcanzar una comprensión más profunda de la fe cristiana.

[2] Marciano Capella, *Las nupcias de Filología y Mercurio,* CSIC, Madrid, 2018.

La artes liberales agrupaban disciplinas relacionadas con la elocuencia y las matemáticas, respectivamente. El trivium incluía gramática, dialéctica y retórica, mientras que el quadrivium incluía aritmética, geometría, astronomía y música. Estos estudios se basaban en la idea de que la gramática ayudaba a hablar, la dialéctica ayudaba a buscar la verdad y la retórica daba color a las palabras, mientras que la aritmética numeraba, la geometría ponderaba, la astronomía estudiaba los astros y la música cantaba.

Además, se mencionan las siete artes adivinatorias que sirven a Filología, mostrando la interconexión entre diferentes áreas del conocimiento y cómo trabajan juntas para enriquecer la comprensión del mundo y la mente humana.

El *Heptateuco* es un monumento. Existe una sola copia que abarca dos manuscritos (Chartres, BM, mss 497 y 498). Todo resultó gravemente dañado durante los bombardeos aliados de mayo de 1944. Afortunadamente había sido microfilmada antes del desastre. En la parte que se relaciona con el quadrivium existe un comentario en el prólogo. De hecho, es una de las artes del trivium. Entre las dos funciones tradicionalmente asignadas a la gramática, por un lado escribir bien y hablar bien, por el otro explicarse bien, Thierry desliza una tercera que atestigua una de las grandes novedades del siglo XIX, la traducción.

El estudio de la perfección de los cielos era considerado como una manera de perfeccionar los movimientos del alma. Entre los estudiantes del quadrivium se encuentran figuras como Casiodoro, Filolao, Arquitas, Platón, Aristóteles, Eudemo, Euclides, Cicerón, Filón el judío, Nicómaco, Clemente de Alejandría, Orígenes, Plotino, Jámblico, Macrobio, Boecio, Capella, Dionisio el Areopagita, Beda el Venerable, Alcuino, Al-Khwarizmi, Al-Kindi, Eriugena, Gerberto d'Aurillac, Fulberto, Ibn Sina (Avicena), Hugo de San Víctor, Bernardus Silvestris, Bernardo de Clairvaux, Hildegarda de Bingen, Alanus ab Insulis, Joaquín de Fiore, Ibn Arabi, Grosseteste, Roger Bacon, Tomás de Aquino, Dante y Kepler.

Terminamos con una cita de Jámblico: «El cosmos no fue generado para ti, sino que tú naciste para él».

Trivium y Quadrivium

El trivium del lenguaje se basa en los principios fundamentales de Sabiduría, Voluntad y Belleza. Sus tres disciplinas son: la Gramática, para garantizar la correcta estructura del lenguaje; la Lógica, para descubrir la verdad; y la Retórica, para utilizar de forma bella el lenguaje en la expresión de la verdad.

Son las artes liberales de la expresión que abarcan la educación fundamental necesaria para la participación social, centrándose en lo que la sociedad contemporánea denomina las artes del habla.

GRAMÁTICA: esta disciplina implicaba el examen de composiciones escritas y diversos estilos de escritura. Por lo general, esto se lograba mediante la memorización y el estudio de la literatura clásica. El análisis y la diagramación de las partes del discurso se volvieron predominantes, mientras que el conocimiento lingüístico adicional, incluida la ortografía y el vocabulario, que surgía del estudio de la gramática.

LÓGICA: la investigación de esta materia en el trivium no se distinguía por cursos de matemáticas formales como los que hallamos en la lógica actual. En cambio, se basaba en la dialéctica, que se enfoca en la indagación y análisis de la verdad y las diferentes perspectivas. Esta base es esencial para los cursos de estilo seminario, que se llevan a cabo mediante discusiones y constituyen un componente esencial de las siete artes liberales actuales, además de los campos más organizados de la filosofía y la lógica modernas.

RETÓRICA: como un elemento fundamental del trivium, tanto en la antigüedad como en la educación medieval, tenía un rol esencial en la educación de los alumnos. Similar a la lógica y la razón, como la lógica y la gramática, la retórica no solo se dedicaba al arte de comunicarse y redactar de forma convincente, sino que también fomentaba el razonamiento crítico y el examen de argumentos.

Los estudiantes aprendían a expresar sus propios pensamientos, y a evaluar las perspectivas de los otros, lo que les permitía participar en conversaciones enriquecedoras y debates importantes. Esta capacidad de argumentar y defender ideas, así como refutar opiniones, era crucial no solo en entornos académicos, sino también en la vida pública y personal.

Para dominar la retórica era necesario tener una comprensión minuciosa de la literatura clásica. Al relacionarse con textos pertinentes y estudiarlos, los estudiantes potenciaban su habilidad para reconocer y apreciar argumentos, lo que a su vez aumentaba su capacidad de realizar una comunicación efectiva. Este método exhaustivo, que comprendía gramática, lógica y retórica, los preparaba no solo para futuras actividades académicas, sino también para convertirse en ciudadanos informados y comprometidos.

En resumen, la retórica como una de las artes del trivium, no solo era el puente hacia estudios más avanzados, además fomentaba el pensamiento crítico y la comunicación efectiva. Ambos eran elementos vitales en las artes liberales. Al controlar estas habilidades, los estudiantes estaban mejor preparados para hacer frente a los desafíos intelectuales y sociales de la época.

El quadrivium surge de los temas más estimados que el intelecto humano puede explorar: los números. La disciplina inicial se conoce como Aritmética, seguida por la Geometría, que representa el orden del espacio como Número en el Espacio. La tercera disciplina es la Armonía, que significa Número en el Tiempo según Platón, y la cuarta es la Astronomía, que abarca el Número tanto en el Espacio como en el Tiempo. Cada uno de estos campos proporciona una escalera sólida y confiable para alcanzar los valores simultáneos de lo Verdadero, lo Bueno y lo Bello, guiando finalmente al individuo hacia el valor armonioso fundamental del Todo.

Podemos decir que estas amplias áreas de conocimiento que actualmente exploramos en los estudios liberales surgieron de un conjunto tradicional de siete temas complementarios que los filósofos y docentes consideraban fundamentales para el desarrollo de los ciudadanos libres. Desde los inicios de la educación en artes liberales, se han enseñado un conjunto de habilidades y conocimientos esenciales que sirven para crear una base sólida para un aprendizaje continuo. Todo esto se aplica en la enseñanza del segundo grado de la Masonería, aunque algunos creen que simplemente es un grado de paso y no le dan la importancia necesaria.

Ahora profundicemos en las «cuatro vías». La aritmética abarca tres niveles: la numeración material, la cantidad indefinida de los matemáticos y el número ideal o arquetípico que se completa en el 10. La geometría se desarrolla a través de cuatro fases: comienza con el punto adimensional, progresa hasta una línea, luego evoluciona hacia un plano y finalmente se solidifica como el tetraedro. La armonía, que refleja la esencia del alma, revela cuatro «escalas» musicales: la natural, la pentatónica, la diatónica y la cromática. Finalmente, llegamos al cosmos, una palabra creada por Pitágoras. Su percepción llena de misticismo y admiración por los números, lo llevó a imaginar un universo organizado y armonioso, un cosmos gobernado por leyes matemáticas y musicales.

Los pitagóricos percibían los cielos visibles como un «orden» de principios fundamentales, con el número de planetas observables correspondiente a los principios de la armonía proporcional.

Ramón Llull

Para Ramón Llull la lógica es la culminación del trivium, ya que a través de ella se exalta el entendimiento humano, como se puede apreciar claramente en la *Doctrina pueril* (1274-1276),[3] donde la lógica es el arte con más artículos (cinco). Pensaba que gracias a la lógica los hombres pueden comprender todas las cosas creadas, sus relaciones y diferencias, permitiendo asociar unas con otras, descendiendo de lo general a lo particular y ascendiendo de lo particular a lo general, como lo propone el Arte luliano. Asimismo, Llull sostiene que la lógica permite a los hombres sostener debates de manera más sólida y evitar ser engañados por sofismas.

Curiosamente, Ramón Llull no menciona en su obra a los profesores ni a las artes del trivium y del quadrivium. Es posible que esta omisión se deba a que Llull se encontraba en Mallorca en ese momento y no estaba familiarizado con todos los oficios o al menos no tenía contacto regular con ellos. En cambio, apartándose del criterio común, considera la juglaría como parte del arte de la Música dentro del quadrivium. A diferencia de la definición mayoritaria, Llull tiene una visión muy positiva de las artes mecánicas, y agra-

---

[3] Ramón Llull, *La Doctrina pueril*, Ed. Barcino, Barcelona, 1972.

dece a Dios la existencia del comercio, destacando que los mercaderes intercambian cosas malas por buenas y que sus errores no hacen que su oficio sea desgraciado, incluso aunque vendan cosas para los deleites corporales.

Las 7 artes liberales en la Masonería

A partir del siglo XVIII, la masonería se propuso cultivar las artes, letras y ciencias, como es el caso de la logia *Les Neuf sœurs* [Las Nueve Hermanas], que hace referencia a las nueve musas que presidían las artes liberales en la antigua Grecia.

La presencia de las artes liberales es fundamental en la práctica del ritual masónico, a menudo subestimada y eclipsada por el simbolismo y el esoterismo. Sin embargo, desde una perspectiva iniciática, su importancia es innegable. No todos los ritos masónicos enfatizan de la misma manera estas increíbles artes. Por ejemplo, el Rito Francés no hace mención alguna de ellas, en cambio, el Rito Escocés Antiguo y Aceptado las menciona en el segundo grado. En el libro original de 1730, *La Maçonnerie examinée en détail*,[4] se establece que las artes liberales, en particular la geometría, es el el fundamento de la masonería. Aparte de esto, algunas obras recientes acerca de la masonería no abordan este tema. Es fundamental hacer una reflexión sobre el papel de las artes liberales en la praxis masónica para entender mejor su verdadera esencia iniciática.

El Rito Escocés Rectificado vincula las «siete ciencias o artes liberales» con el número de escalones de la «escalera de caracol» del Templo y con la edad del tercer grado en su Instrucción del Grado de Maestro. La lista difiere de los listados tradicionales al incluir Poesía, Música, Arte del Dibujo, Aritmética, Geometría, Astronomía y Arquitectura. Este enfoque parece reemplazar las ciencias del trivium con artes «amistosas» que son consideradas como ornatos para la mente, mientras que las del quadrivium son casi iguales, salvo por el cambio de posición de la Música y la introducción de la Arquitectura en la séptima posición.

REAA	RER	INGLÉS ANTIGUO
Gramática	Poesía	Gramática
Retórica	Música	Retórica
Lógica	Dibujo	Lógica
Aritmética	Aritmética	Aritmética

---

[4] Pierre Mollier, *Le Régulateur du Maçon (1785 -1801): La fixation des grades symboliques du Rite Français: histoire et documents*, París, 2004.

LAS SIETE ARTES LIBERALES

Geometría	Geometría	Geometría
Música	Astronomía	Música
Astronomía	Arquitectura	Astronomía

La justificación del RER sobre esta lista radica en su conexión con la búsqueda de la ayuda del Ser Creador para usar dignamente las otras ciencias. Por ejemplo, la poesía y la música sirven «para alabar al Señor», mientras que el dibujo se emplea para formar ideas correctas del edificio creado por el Gran Arquitecto del Universo. La aritmética y geometría se utilizan para precisar todas las demás ciencias, y se supone que las restantes son astronomía y arquitectura, que no se explican de otra manera.

Aunque este Rito ha preservado estas ciencias, ha modificado su significado al relacionarlas directamente con la divinidad. Las tres primeras artes no son simplemente adornos espirituales, a menos que se entienda el alma en su sentido «espiritual», por estar directamente vinculadas a lo divino.

Por otro lado, para una mejor comprensión de la masonería, los textos rituales ingleses enfatizan la importancia de estudiar las artes liberales desde el primer grado. Las Lecturas de Primer Grado del rito de Emulación dicen: «La masonería, según la aceptación general del término, es un arte fundado en los principios de la geometría y dirigido al servicio y conveniencia de la humanidad». Además, la Guía de los Masones Escoceses hace referencia a las artes liberales[5] en el primer grado de instrucción, con especial atención a la geometría. Como podemos ver, aunque las artes liberales son parte de la mayoría de los ritos, no han sido completamente integradas en el corpus del mismo Grado.

Las Constituciones de Roberts, publicadas un año antes que las de Anderson, son casi desconocidas para muchos masones. En ellas se dice que corresponde a cada masón mantener una Fe firme y verdadera, basada en las siete artes liberales. Después de enumerar las siete artes con la Gramática en primer lugar, el ms. Regius la destaca como la «raíz de todo», la base real de todo conocimiento. ¿Por qué se le da tanto énfasis? ¿Es solo porque es la primera en la lista? Esto, aunque parcialmente cierto, no explica completamente la importancia que se le atribuye. A diferencia de los textos masónicos que se basan principalmente en la Geometría, la Gramática juega un papel fundamental en las Constituciones de Roberts.

Como vemos, la Masonería reclama como propios algunos textos antiguos que enfatizan su importancia, como el ms. Regius, también el ms. Cooke. Más allá de la exactitud de esta afirmación, lo que nos interesa son las explicaciones presentes en los rituales sobre las siete artes liberales. Estas Artes

---

[5] *Guide des maçons écossais*, p. 32-33.

son fundamentales para cualquier masón que desee llevar a cabo su trabajo, al proporcionarle instrucciones detalladas. No se limitan a una simple enumeración como ocurre con los «especulativos», sino que introducen una práctica crucial para el arte de la construcción. Los masones operativos medievales debían integrar las artes liberales y memorizar sus aplicaciones.

En un Manual de Instrucción del siglo XVIII *Three Distinct Knocks* (1760) [Los Tres Golpes Distintos, perteneciente a la Masonería irlandesa] aparecen la siguientes preguntas:

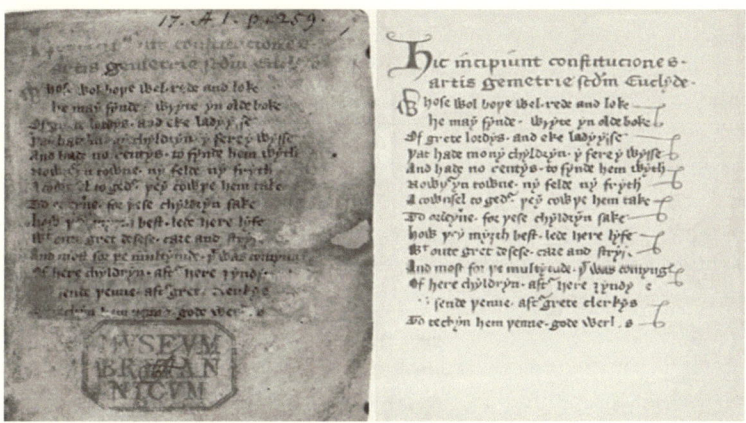

P: ¿Por qué siete masones componen una logia?
R: Porque hay Siete ciencias liberales.
P: Nómbrelas.
R: Gramática, Retórica, Lógica, Aritmética, Geometría, Música y Astronomía.

Durante los siglos XII y XIII fue popular el arte de la mnemotecnia, conocido como Ars Nova o Ars Notoria. Su propósito era mejorar la inteligencia (como la memoria, la comprensión, la elocuencia y las habilidades de escritura), y uno de los propósitos fue promover la memoria en las siete artes liberales. En el pensamiento medieval se veía una conexión entre las siete artes liberales y los siete cielos planetarios. La ascensión que resultaba de este proceso recordaba a las experiencias interiores de ciertas gnosis y al sistema egipcio de la Mer-ka-ba relacionado con el Rito de Menfis-Mizraim... pero esa es otra historia.[6]

Entre muchos de los masones actuales, la idea predominante respecto a las artes liberales es resaltar su relación directa con la construcción, respaldándose en

---

[6] Las constituciones de 1723 mantienen como base especulativa sigue dándole un lugar de primordial importancia, pero ignora por completo su contenido y las aplicaciones metafísicas resultantes.

Vitruvio que las menciona en *De Architectura*.[7] A pesar de que muchos masones siguen aferrados a la teoría de que existió una «transición» entre los operativos y los especulativos, se puede demostrar que esto no fue así.[8]

Examinemos la interpretación de las siete artes liberales en el segundo grado del REAA y su simbolismo. Debemos entender que en la Masonería, las siete artes liberales corresponden a las siete etapas del compañerismo que simbolizan el ideal de la formación. Como disciplinas intelectuales y culturales son consideradas esenciales para la búsqueda de la perfección y la comprensión del GADU.

Durante el avance del Aprendiz masón al grado de Compañero, específicamente en su tercer viaje, se le revelan unos cartuchos donde se encuentran escritas las siete artes liberales. Así mismo, en ese viaje de ascenso a Compañero lleva consigo la plomada y el nivel cuando el Aprendiz descubre el cartel que menciona las artes liberales. En el REAA la presentación del cartucho de las artes liberales es la siguiente: «Hermano Aprendiz, este viaje simboliza el tercer aspecto de los estudios del Compañero. Su temática son las siete artes liberales, las cuales representan todas las artes y ciencias humanas».

Una vez ascendido a compañero, el masón podrá emplear y comunicarse a través de las artes liberales. Estas abarcan filosofía, arte y ciencia simultáneamente. A pesar de que nuestro sistema de conocimiento actual tiende a separar estas disciplinas, el enfoque antiguo y medieval las veía interconectadas. Las artes liberales representan las diversas facetas de un Conocimiento único, coherente y elevado que aborda lo sagrado y eleva al ser humano hacia lo divino.

Mientras que en el segundo viaje del compañero son las órdenes de la arquitectura (están relacionados con las bellas artes y la apreciación de la belleza), las artes liberales se enfocan en el dominio del lenguaje y los números que describen la estructura del universo. Así, el trivium se refiere al poder de la palabra, mientras que el quadrivium se refiere al poder de los números.

---

[7] Vitruvius Pollio, *De Architectura,* F. Krohn, Ed. Teubner, Leipzig, 1912.
[8] Galo Sánchez-Casado, *La Masonería Esotérica*, Obelisco, Barcelona, 2024, pp. 53-60.

De entre todas estas artes y ciencias, ninguna deja de ser útil para guiar al hombre hacia el conocimiento completo, ya que cada una de ellas representa un paso que le permite vislumbrar un aspecto de la verdad.

Desde una enfoque simbólico, debemos considerar estas siete materias como un solo símbolo compuesto por siete partes igualmente importantes. Este símbolo representa la educación y todos los valores asociados a ella, en lugar de especificar su contenido concreto.

Al analizar cada elemento de este símbolo, no solo captamos la naturaleza y el contenido de cada parte, sino también el idealizado propósito de la educación. La visión que ofrece este símbolo coincide con la postura educativa de Platón, que se esfuerza por elevar la mente a un nivel más allá de las preocupaciones mundanas y cotidianas, conduciendo a la comprensión última de la filosofía: que es el conocimiento del Gran Arquitecto del Universo (GADU). El hombre debe esforzarse continuamente por ampliar su comprensión de su propio ser espiritual y la naturaleza de la Causa Primera, ya que esto representa la esencia fundamental de la Masonería.

La palabra es un elemento constante en la logia a través de expresiones como las contraseñas, palabras sagradas, etc. aunque también del silencio, e incluso del mito de la palabra perdida. El prólogo de san Juan entrelaza Luz, Palabra y Logos. Se anima al masón a reflexionar y meditar sobre sus palabras: el trivium de las artes de la palabra le guiará.

En lo referente al quadrivium, la geometría tiene aquí un lugar central. Hace referencia directa a la letra G que se encuentra en el centro de la estrella flamígera. En la búsqueda de la verdad, el masón edifica su templo interno sobre fundamentos geométricos que reflejan el orden velado del mundo, pero también su belleza, que le servirá como plataforma para alcanzar el cielo más allá de las estrellas...

Es necesario tratar las artes liberales en su aspecto simbólico y no literal. En contraposición a las ciencias seculares, su meta es vincular lo perceptible con lo imperceptible, el ser humano con lo sagrado.

Por lo tanto, las siete artes liberales de la masonería representan el intento deliberado de dominar la mente y el espíritu para que la razón prevalezca sin que el ser humano renuncie en mantener una relación armónica con la Causa Primera.

Las artes liberales las podríamos definir e interpretar así: la gramática pronuncia, la dialéctica instruye, la retórica le da apariencia a las palabras, la música interpreta, la aritmética calcula, la geometría pesa y la astronomía se encarga de proteger las estrellas.

Las disciplinas liberales se relacionan con el método. Se refieren al trabajo, a la indagación y a la desvelada conciencia. Son instrumentos simbólicos disponibles para aquellos que desean avanzar en su interior y hacia lo más elevado.

Por ese motivo voy a poner, aunque sea brevemente, cuatro ejemplos: los oficiales en logia, la geometría, el número sagrado y la geometría sagrada. Opino como Pierre Mollier que la geometría, es el el fundamento de la masonería

Los oficiales en el Templo representan el modelo de una cosmografía sagrada, según la tabla sinóptica de los 12 dignatarios del REAA, aplicable a otros ritos. Donde interviene la geometría, la astrología y la astronomía.

Dignidad u Oficio	Correspondencia					Misión
	elemen-tales	zodia-cales	planetario			
			casa diurna	casa noctur	exalta-ciones	
1 Ven.˙. M.˙.	△	♈	♂		☉	Dirige la Logia Expresa el principio
2 Tesorero	▽	♉		♀	☽	Aquilata el Oro
3 Orador	△	♊	☿			Expresa inmediatamente el resultado
4 M.˙. de C.˙.	▽	♋		☽	♃	Es el responsable del "campo" energético
5 1er. Vig.˙.	△	♌	☉			Expresa la actividad realizativa del Fuego
6 1er. Exp.˙.	▽	♍		☿	☿	Favorece el alineamiento interior
7 Guarda T.	△	♎	♀		♄	Vigila sobre la integridad de la Logia
8 2° Exp.˙.	▽	♏		♂		Favorece la maestría de la Ley Binaria
9 2°. Vig.˙.	△	♐	♃			Interpreta el Silencio de los Aprendices
10 Gr.˙. Exp.˙. Terrible	▽	♑		♄	♂	Expresa el cambio y la Realización
11 Secretario	△	♒	♄			Conduce a los HH.˙. en el "tempo sacro" de trabajos
12 Hopitalar.˙.	▽	♓		♃	♀	Es el responsable de la "salud" de la Logia.

La Geometría

La Masonería, heredera de una larga tradición, aborda extensamente el tema de la Geometría. Esta disciplina está presente en su simbolismo de diversas formas, siendo las herramientas de construcción como la escuadra, el compás, la regla, el nivel y la perpendicular especialmente significativas. Estos instrumentos no solo son utilizados para la construcción, sino que también sirven como instrumentos de la Geometría, que para el masón especulativo se convierten en herramientas clave para comprender tanto el mundo como a sí mismo. De esta forma se confirma la sabiduría de las *Antient Charges,* que postulaban que la Masonería debía fundamentarse en las artes liberales, al igual que la filosofía. Para el masón no se trata simplemente de adquirir conocimientos técnicos, sino de alcanzar un entendimiento completo del mundo y de uno mismo, tanto filosófico como espiritual.

En el grado de Compañero es donde la presencia de la Geometría se destaca más claramente en la mayoría de los Ritos Masónicos. La culminación del pase a este segundo grado es la revelación de la Estrella Flamígera, adornada en su centro con la letra G. Este pentagrama, la Estrella Flamígera, fue el emblema de la escuela pitagórica y sigue la Proporción Áurea, reproduciéndose infinitamente en lo grande y en lo pequeño.

Dentro del pentágono central de la Estrella Flamígera se puede trazar una nueva estrella invertida, que a su vez permite trazar otra estrella creando una sucesión interminable. Las cinco puntas de la Estrella Flamígera forman un pentágono que se convierte en el centro de una Estrella mayor, contenida a su vez en una estrella aún más grande.

Junto con el Triángulo, la forma geométrica más simple y pura, la Estrella Flamígera se erige como uno de los mejores símbolos de la Geometría. Resulta satisfactorio ver que algunas Logias continúan enseñando a sus Compañeros el arte de trazar la Estrella Flamígera de forma tradicional, utilizando el Compás y la Regla. Quien recibe esta enseñanza, puede afirmar que es una experiencia extraordinaria y un apoyo invaluable para la reflexión y la meditación.

No solo el grado de Compañero se adentra en el mundo de la Geometría, sino que también lo hace el Gran Maestro Arquitecto, grado 12° del Rito Escocés Antiguo y Aceptado. En este grado, el iniciado descubre el contenido de un estuche de geometría que contiene siete herramientas, entre las cuales se encuentran la escuadra, el compás simple, el compás de cuatro puntas, la regla, el tiralíneas, el compás de proporciones, la regla plegable y el transportador.

Durante la instrucción de este grado se plantea la pregunta: ¿Cuál es la primera de todas las artes? A lo que se responde: «La Arquitectura, de la cual la Geometría es la clave, así como la regla de toda ciencia». La visión de los constructores medievales que aspiraban a convertir a la Masonería en un Arte y un noble Conocimiento se materializa de manera integral en este grado.

El Número Sagrado

¿Qué representa el número? ¿Cómo logramos distinguir entre uno de muchos o dos de tres?Todos poseemos un cierto conocimiento sobre diversos números: por ejemplo, seis círculos caben alrededor de uno, hay siete notas en una escala musical, contamos en decenas, tres patas conforman un taburete y cinco pétalos componen una flor. Estos descubrimientos básicos son en realidad las primeras verdades universales con las que nos topamos, tan simples que a menudo pasamos por alto.[9]

La ciencia y la profundización en el mundo numérico representan una de las disciplinas más antiguas en la Tierra, cuyos orígenes se han desvanecido en el paso del tiempo. Las culturas primitivas expresaban los números a través de marcas de cerámica, patrones en las telas, tallas de hueso, nudos de cuerdas, tablillas de piedra y números de dioses. El sistema evolucionó posteriormente para incorporar a los misterios de la magia del quadrivium medieval las cuatro artes liberales consideradas esenciales para una comprensión más profunda de las cualidades intrínsecas de los números, que incluía: la aritmética, la geometría, la música y la astronomía.

Toda ciencia encuentra sus raíces en la magia.[10] En las antiguas escuelas, ningún mago carecía de conocimientos en el dominio de los números. En tiempos actuales, la antigua tradición del número sagrado ha sido reemplazada por un sin fin de datos cuantitativos. El quadrivium sirve de introducción a la aritmética mística, representando un modesto esfuerzo por revelar algunas de las numerosas cualidades secretas y esenciales de los números que residen en la Unidad.

---

[9] Ver Arturo Reghini, *El Número sagrado,* Obelisco, Barcelona, 2019. Trad. Galo Sánchez-Casado.

[10] Soy consciente que la palabra magia está totalmente denostada. Pero es evidente que no me refiero a esa magia, sino a la que se reconoce como la madre de todos los fenómenos naturales que se pueden observar en la naturaleza, aunque sean inexplicables. Por lo tanto, los persas idearon y desarrollaron la astrología, cuyos inventores fueron conocidos como «magos o mágicos», y finalmente se transformó en la Astronomía. En su forma más primitiva, la magia contradice los axiomas de la razón que sostienen que el universo está totalmente dominado por «leyes naturales o materiales» conocidas o desconocidas, y está compuesto únicamente por materia. Esta antigua magia, caracterizada por sus criterios inherentes de dualidad espiritual y material, originó el pensamiento esotérico y en el marco de las primeras civilizaciones originó dos tipos evolutivos de la magia, históricamente en contraposición denominadas «magia natural» y «ciencias ocultas».

La Geometría Sagrada

Si dentro de las artes liberales hay una que contribuye a la evolución del espíritu, es la geometría, en este caso Sagrada, invitándonos a explorar la estructura subyacente del universo. La evolución de los números en el espacio nos viene dada por la geometría Sagrada, que se distingue de la geometría clásica en que sus movimientos, conceptos y patrones poseen un valor y significado simbólico.

Se ha empleado la historia tridimensional de la geometría como introducción a la metafísica. La geometría, similar a la música, es una expresión de la revelación, un resplandor luminoso de la Realidad y un mito de la propia creación.

Ya hemos visto cuales son las cuatro grandes artes liberales del mundo antiguo que trabajan con los números. Estos lenguajes universales simples siguen siendo relevantes hoy en día y se encuentran sin discrepancias en todas las ciencias y culturas conocidas. De hecho, sería de esperar que cualquier ser tridimensional inteligente en cualquier lugar del universo los conociera de la misma manera en que se han descrito.

En la entrada de la Academia de Platón se podía ver un letrero que decía: «No permitas que nadie que ignore la geometría entre aquí». Por lo tanto, la geometría sagrada nos invita a explorar la estructura subyacente del universo, revelando patrones y formas que conectan con la esencia del cosmos y nos permite acceder a niveles más elevados de conciencia.

Por ejemplo, si hablamos del punto y lo representamos en un papel, el punto es lo primero que se puede crear. No tiene dimensiones y no ocupa espacio. Sin interior ni exterior, el punto es el origen de todo lo demás. En la representación visual, el punto se muestra como un pequeño círculo. La primera dimensión, la línea, surge cuando el Uno se divide en dos principios: activo y pasivo. El punto elige una posición fuera de sí mismo, marcando una dirección. Así se produce la separación y aparece la línea. La línea no tiene grosor y a veces se dice que no tiene fin. A través de esta separación, se hacen visibles tres formas opuestas:

1. Con un extremo de la línea fijo, el otro puede rotar libremente y trazar un círculo, simbolizando el Cielo.

2. El extremo móvil puede desplazarse a una tercera posición equidistante de los otros dos, formando así un triángulo equilátero.

3. La línea puede generar otra que se aleje hasta que las distancias sean iguales, dando lugar a un cuadrado que representa la Tierra.

Tres formas se han manifestado: círculo, triángulo y cuadrado, todas cargadas de significado. Al trazar los distintos elementos geométricos desde el
circulo hasta la espiral áurea, podemos experimentar la armonía y el equilibrio
que subyacen en el universo. Cada figura geométrica nos muestra una faceta
distinta de la realidad, y al estudiar su simetría y proporción, podemos percibir la presencia de una Causa Primera. Nuestro viaje ha comenzado. ⚜

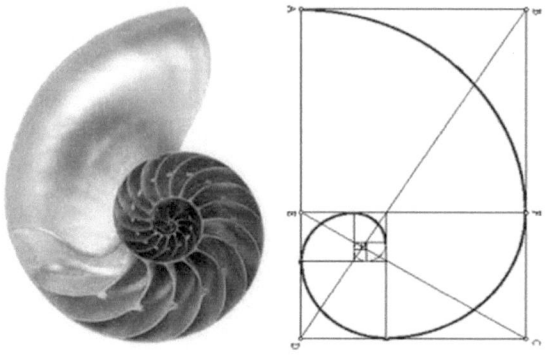

OBRA RECOMENDADA

LA
MASONERÍA
ESOTÉRICA

GALO SÁNCHEZ-CASADO

EDICIONES OBELISCO

Francisco Ariza nació en Córdoba, y reside en Barcelona. Es investigador de la Vía Simbólica y la Tradición Unánime bajo sus diversas formas de expresión cultural. Colaborador de Federico González (1933-2014) publicó durante años (1990-2017) en la revista *Symbolos* fundada por este último. Actualmente publica en *Cultura Masónica* y en *Cuadernos de la Tradición Unánime*, colección perteneciente a Biblioteca Hermética. Dirige *El Taller. Revista de Estudios Masónicos*. Es autor de *Las Corrientes Hispánicas de la Cábala* (Ed. Symbolos, 1993); masonería. *Símbolos y Ritos* (Ed. Symbolos, 2002, y en Libros del Innombrable, 2007); *La Tradición Masónica. Simbolismo, Historia, Documentos Fundadores* (Obelisco, 2008); *La Obra de Federico González. Simbolismo, Literatura, Metafísica* (Libros del Innombrable, 2014); *Tartesos, la Ciudad de Ulía, el Señorío de Montemayor y el Castillo Ducal de Frías. Linajes Históricos y Mitos Fundadores* (Diputación de Córdoba, 2016); *El Simbolismo de la Historia. Una Perspectiva Hermética de la Tradición de Occidente* (Libros del Innombrable, 2018); *Los Ciclos Cósmicos en la Historia y la Geografía* (Ed. Vía Directa, La Eliana, Valencia, 2022).

https://www.franciscoariza.com

LAS
ARTES LIBERALES
UN MODELO DE LA
COSMOGONÍA

Francisco Ariza

Consideraciones generales

S egún Alfonso X el Sabio las Artes Liberales son llamadas así porque «quieren totalmente libre de todo otro cuidado y estorbo al que desea aprender».[1] Con estas palabras sitúa a dichas Artes en el contexto de la búsqueda del saber a través de una didáctica que implica una «concentración» en el objeto de estudio, libre de ataduras de cualquier tipo que la pudieran imposibilitar. Al definirlas así, Alfonso X el Sabio otorgaba a las Artes Liberales una importancia capital en la formación intelectual de la persona, preparándola para su incursión en el camino del Conocimiento.

---

[1] Ver *Introducción a la Ciencia Sagrada. Programa Agartha*, de Federico González y Colaboradores (Módulo II, acápites 57-58).

LAS ARTES LIBERALES
UN MODELO DE LA COSMOGONÍA

Seguramente el rey castellano se inspiró en las *Etimologías* de San Isidoro, concretamente en el comienzo del libro primero, en donde el obispo sevillano de la época visigoda recuerda que el término «disciplina» toma su nombre de *discere* (aprender). Así, la disciplina puede llamarse también ciencia, *scientia*, la cual tiene la misma raíz de *scire* (saber), de la que deriva igualmente *discere*, ya que nadie sabe (*scit*), sino el que aprende (*discit*). Por otro lado, continúa San Isidoro, se la denomina disciplina porque *discitur plena*, se «aprende entera». Y a continuación dice algo que consideramos importante, y es el hecho de que a la disciplina se la llama igualmente «arte», palabra que proviene del griego *areté*, o sea de lo que en latín se dice *virtus*, a la que «denominaron ciencia».[2]

Así pues, las Artes Liberales pueden llamarse tanto «artes» como «disciplinas», o «ciencias», pues exigen una búsqueda de la «virtud» propia (la «gracia» con que se nace), al mismo tiempo que un rigor intelectual imprescindible para llegar al fondo de la enseñanza que se atesora en cada una de ellas. Entonces, la palabra «libre» no solo aludirá a esa necesaria independencia «de todo otro cuidado» que no sea el del aprendizaje de las Artes Liberales, sino que señala también que quien se entregue a ellas será libre en el momento en que lo aprendido se haga «enteramente» efectivo en él, pues para alcanzar la libertad interior es necesario que el hombre se conozca a sí mismo. *Nosce te ipsum*, «Conócete a ti mismo» es la máxima que figuraba en el frontispicio de Apolo en Delfos. No está este razonamiento muy lejos de lo que dice San Juan en su Evangelio: «La Verdad os hará libres».

Pero ese conocimiento es inseparable del conocimiento del Mundo, de la Cosmogonía, del que el ser humano forma parte, pues es una miniatura de él, un microcosmos. La esencia de cada una de las Artes Liberales está en potencia en cada ser humano, que tiene efectivamente la capacidad innata de hablar y de expresar sus pensamientos mediante signos fijados en la letra, derivados de un orden preexistente que se articula en cadencias y ritmos armónicos, o sea en números, de donde la figuración simbólica y plástica que desemboca también en la geometría, la música y la astronomía. Por eso, lo que en Occidente se ha llamado Artes Liberales, otras civilizaciones más antiguas o contemporáneas a la nuestra la han denominado de otra manera, pero en todas ellas existía fundamentalmente las mismas o parecidas disciplinas para vehicular lo que en realidad es la necesidad del hombre de conocer su ser y su lugar en el mundo.[3] Podríamos decir, en este sentido, que a través de las Artes Liberales nos comunicamos con el mundo, y el mundo se

---

[2] Recordemos que del término disciplina procede «discípulo», el que «aprende enteramente» las artes o las ciencias liberales.

[3] Tal era el caso del *Calmécac*, la escuela donde los hijos de la aristocracia azteca eran educados en historia, astronomía, música, filosofía, disciplina y otras ciencias y artes.

comunica con nosotros, en una reciprocidad que revela que todo en el universo vive y actúa en concordancia y simultaneidad. Conociéndose a sí mismo y conociendo el Universo el ser humano podrá alcanzar la unión y la identidad con el Ser Supremo (el grado más alto de la libertad al no estar condicionado por nada ni por nadie), conformando este proceso el de la propia iniciación, y qué duda cabe que las Artes Liberales, como veremos a continuación, también fueron diseñadas para tal fin como ciencias intermediarias y cosmogónicas que son.

Ellas concentran gran parte del saber heredado de la Antigüedad Clásica, pues su origen está en Pitágoras y Platón, al que San Isidoro consideraba como el primer filósofo que dividió la física –o sea la naturaleza del cosmos– en cuatro partes: aritmética, geometría, música y astronomía. Posteriormente, las Artes Liberales pasaron a los filósofos latinos, entre los cuales mencionaremos a Cicerón, Quintiliano y Varrón, quien alude a ellas como las etapas que son necesarias recorrer para alcanzar la Sabiduría. Ya en el cristianismo son recogidas, entre otros, por San Agustín, Marciano Capella, Boecio y su discípulo Casiodoro, quien junto a Isidoro de Sevilla establecerá la división en *Trivium* (Gramática, Dialéctica y Retórica) y *Quadrivium* (Aritmética, Geometría, Música y Astronomía), división que no era caprichosa sino que respondía a la naturaleza del arte que cada una de ellas representaba. Ya en la Edad Media formaron parte del legado recibido en los monasterios irlandeses, escoceses e ingleses, pasando posteriormente al continente vía Alcuino de York[4] y al neoplatónico y metafísico Juan Escoto Erígena, cuya obra *Sobre la División de la Naturaleza* (*Periphyseon*) también traducida *Sobre las Naturalezas,* puede verse en cierto modo como un verdadero tratado sobre la Artes Liberales enfocadas desde sus principios, bebiendo de la fuente inagotable de los Padres de Oriente y de Occidente, pero sobre todo de San Agustín, Máximo el Confesor y Dionisio Areopagita, al que cita constantemente, y muchas veces en relación a las Artes Liberales y su vínculo con los principios inmutables, teniendo en cuenta que esa misma inmutabilidad permanece en ellas cuando «se mueven» en la mente de los sabios, estableciendo las conexiones entre sus pensamientos. Las Artes Liberales serían entonces la forma como el hombre participa no solo de su autoconocimiento sino también de su ser inmutable, de su Intelecto, o Yo supraconsciente, pues existe un «Arte» de Dios que está incluido y conforma la esencia de cada una de estas ciencias. Podríamos decir que nacen como consecuencia de

---

[4] Alcuino de York fue llamado a Francia por el emperador Carlomagno para organizar los estudios que darían lugar a la creación de la Escuela Palatina, tomando como modelo la de Atenas y Roma. Con ello se fijaban las líneas maestras de la educación y el desarrollo de la cultura en todo el territorio del Imperio Carolingio, y a partir de él en toda la Europa occidental con la aparición de su sucesor: el Sacro Imperio Romano Germánico.

la influencia espiritual emanada directamente del Ser Universal, independientemente de que el hombre, en su desvarío, pueda hacer un uso fraudulento de ellas.

A partir del siglo XII serán destinadas a formar parte constitutiva de la enseñanza impartida en las universidades que empezaban a florecer por toda Europa. Sin embargo, las Artes Liberales formaban parte también de las organizaciones iniciáticas y esotéricas ligadas con el Hermetismo Cristiano, como es el caso de la Orden del Temple, los «Fieles de Amor»[5] y la «Massenie del Santo Grial», organizaciones que en mayor o menor medida estuvieron en el origen de la Masonería, cuyos manuscritos fundadores (como el *Regius, el Cooke, el Dowland, el Manuscrito Grand Lodge Nº1, el Dumfries,* etc.) hacen mención de las artes del *Trivium* y del *Quadrivium*. Existía por tanto una lectura exotérica y otra esotérica (o iniciática), lo cual era conforme a la estructura de una sociedad como la Cristiandad medieval, que en esto no difería de las demás civilizaciones habidas a lo largo de la historia. Tanto exotérica como esotéricamente las artes eran las mismas, pero con la mirada esotérica se alcanzaba un mayor grado de profundidad, conduciendo finalmente a los principios de orden ontológico y metafísico de los cuales todas esas artes y ciencias emanan pues, como afirma René Guénon, considerar las cosas desde la perspectiva iniciática es ceñirse a su principio, que es inherente a su esencia misma. Este mismo pensamiento es el que expone José Manuel Río:

> Como todas las artes y ciencias de origen tradicional, [las Artes Liberales] han servido de vehículo de expresión y enseñanza para verdades de un orden superior al de su propia literalidad, y ese fue también el caso en la Edad Media y principio del Renacimiento. Queremos decir que no sólo estuvieron al servicio de una teología como hoy se la entiende, sino de algo de orden más profundo, donde se da la verdadera unidad de las formas tradicionales, la metafísica, pudiendo servir así de soporte o auxilio en la realización iniciática.[6]

En un momento dado que hay que fijar hacia finales del Renacimiento, las Artes Liberales comenzaron a tomarse en un sentido «literal», o en cualquier caso alegórico, como consecuencia del olvido paulatino de su lectura simbólica que permitía conocer ese sentido «pleno, íntegro e inmutable» al que alude Escoto Erígena en su obra *Periphyseon*, despojándolas así prácticamente de su carácter tradicional, o sea de lo que en ellas había de conexión con sus principios, quedando tan solo vinculadas a una enseñanza donde la

---

[5] A esta organización, además de Dante, pertenecieron, entre otros, Boccaccio y Petrarca, a los que nos referiremos más adelante.

[6] En «Simbólica de las Artes Liberales», artículo aparecido en el Nº 1 de la revista *Symbolos* (1990-1991). https://www.2enero.com/textos/s1jmri.htm

posibilidad de realización espiritual y de autoconocimiento quedaba prácticamente anulada.

Si las Artes Liberales son un modelo para conocer la Cosmogonía no es entonces por casualidad que ellas sean en número de siete, ya que este número está en relación con la *Harmonia Mundi*, muy ligada con una de esas artes, la Música, cuyas siete notas fundamentales están en correspondencia con los siete cielos planetarios, siendo estos los intermediarios entre la Tierra y el Cielo de las Estrellas Fijas, por encima del cual se encuentran el Primer Móvil y el Empíreo, donde reside el Ser Universal. Es en este modelo, enunciado por el astrónomo y geógrafo Claudio Ptolomeo en el siglo II d.C., en el que se inspira Dante para describir los cielos planetarios, a los que llama »ciencias», pero que también podrían haberse llamado «artes» precisamente por esa semejanza que, a través de la *virtus*, existe entre el arte y la ciencia. Es lo que el mismo Dante afirma en el *Convivio* (Tratado II, cap. XIII): «Por cielo yo entiendo la ciencia, y por cielos las ciencias». Esto es importante, pues nos sitúa precisamente en la concepción iniciática de las Artes Liberales. En efecto, identificar cielo con ciencia sugiere en última instancia su vínculo con los principios de los que deriva el orden del Mundo. De ahí que los «cielos» sean las «ciencias» (o las artes) por medio de las cuales el ser humano puede, en efecto, conocerse a sí mismo.

Es precisamente en el *Convivio* (ibíd.) donde Dante menciona a cada una de las Artes Liberales, a las que enumera en orden ascendente haciéndolas corresponder con la jerarquía planetaria: Gramática (Luna), Dialéctica (Mercurio), Retórica (Venus), Aritmética (Sol), Música (Marte), Geometría (Júpiter) y Astronomía (Saturno). Como ya señalamos, las tres primeras se refieren al *Trívium*, y las cuatro siguientes al *Quadrivium*, división que, recordemos, responde a la naturaleza del arte al que ellas se vinculan. Dante sigue en esa enumeración un determinado orden, que no es exactamente el mismo establecido en la Masonería, pero estos cambios en nada afectan a lo esencial. En la Masonería, por lo general, la Dialéctica es sustituida por la Lógica, mientras que la Geometría ocupa el quinto lugar, y la Música el sexto. El orden entonces sería el siguiente: Gramática, Retórica, Lógica, Aritmética, Geometría, Música y Astronomía.[7]

En rigor, no existiría ninguna diferencia esencial entre la construcción literaria de *La Divina Comedia*, y la construcción de un edificio que, como la catedral, seguía las mismas pautas que el poeta florentino al nutrirse ambas de las mismas ideas. En *El Esoterismo de Dante* (cap. III), René Guénon da un

---

[7] Con este orden aparecen en la «Escala Misteriosa» del grado 30 de la Masonería Escocesa, el Caballero Kadosh, en donde dichas artes se ponen en correspondencia con siete nombres o atributos del Gran Arquitecto.

ejemplo de cómo las Artes Liberales están presentes en la construcción de *La Divina Comedia*:

> Dante mismo indica, en el comentario que da de su primera *Canzone*, la manera en que aplica a su obra las reglas de algunas de las artes liberales: «¡Oh hombres que no podéis ver el sentido de esta *Canzone!*, no la rechacéis no obstante; prestad atención a su belleza, que es grande, ya sea por la *construcción*, lo que concierne a los *gramáticos*; ya sea por el *orden del discurso*, lo que concierne a los *retóricos*; ya sea por el *número de sus partes*, lo que concierne a los *músicos*».

Para la Masonería medieval, que aparece como un cuerpo organizado y profesional de «albañiles libres» (*free masons*) en el momento de expansión de la arquitectura gótica, las Artes Liberales formaban parte de la formación de sus integrantes, los cuales no eran ajenos a la influencia de la filosofía escolástica en torno a la idea de la belleza como un nombre divino. Eran conscientes de que en la ejecución de la obra «hecha con arte» intervenían los principios derivados de la Sabiduría cuya concordancia con las Artes Liberales fue establecida ya por Alcuino de York de la siguiente manera:

> Leemos, cuando dice Salomón, por quien la Sabiduría se cantó a sí misma: *la Sabiduría edificó su casa, levantó sus siete columnas*. Esta sentencia corresponde a la sabiduría divina, la que construyó su casa en un útero virginal, es decir el cuerpo, la fortaleció con los siete dones del Espíritu Santo (...). Sin embargo, la sabiduría es fortalecida por las siete columnas de las artes liberales; de otro modo no conduce a nadie hacia el conocimiento perfecto, si no es exaltada por estas siete columnas o escalones. (…) Os presentaré, para que comprendáis, los siete escalones de la filosofía, y por ellos mismos, concediéndolo Dios y siendo compañera de la vida, a cambio de una porción de nuestras fuerzas, os conduciré, según la conveniencia del tiempo y la edad, hacia las cosas más sublimes de la ciencia especulativa.[8]

De estas palabras de Alcuino se desprenden dos cosas; por un lado la vinculación de las Artes Liberales con los Siete Dones del Espíritu Santo,[9] y por otro la idea de que en el ser humano la Sabiduría se ve fortalecida y exaltada por las «siete columnas de las artes liberales». Nosotros hemos de hacer una transposición del plano teológico (al que aquí se refiere más bien Alcuino) al plano iniciático, en donde esos dones espirituales son propiamente «atributos divinos» que guardan, sino una correspondencia exacta, sí una semejanza con algunas de las siete *sefiroth* de construcción cósmica del Árbol de la

---

[8] *Obras Morales, Disputatio de vera philosophia.*
[9] Estos son los siguientes: Sabiduría, Inteligencia, Consejo, Fortaleza, Ciencia, Piedad y Temor de Dios.

LAS ARTES LIBERALES
UN MODELO DE LA COSMOGONÍA

Vida cabalístico, que equivalen precisamente a las «siete columnas» con las que «la Sabiduría edificó su casa», es decir el cosmos.[10]

Muchos pueden sorprenderse de que las Artes Liberales formaran parte de los gremios de constructores de la Masonería medieval, ignorando que en una sociedad tradicional el pensamiento no estaba desligado de la acción, y viceversa, y es evidente que en la construcción de un edificio son necesarios conocimientos relativos a todas ellas, en especial a las artes del *Quadrivium*, y más concretamente a la aritmética y la geometría (esta última como «cuerpo» del número). No es por casualidad que la aritmética ocupe la posición «central» (la cuarta) dentro de las siete artes, pues ellas suministraban al constructor las ideas a las que él, mediante su oficio, daría forma, convirtiendo finalmente su obra en un vehículo de las ideas que la hicieron posible, en este caso la edificación de una catedral, que por el carácter de «totalidad» y de síntesis de todas las artes que ella expresa en su conjunto, se revelará como un modelo del cosmos, la obra directa del Gran Arquitecto.

Entre los filósofos y artistas medievales también era un axioma compartido por todos que el arte imita a la naturaleza, pero no en sus obras, sino en sus operaciones, pues el verdadero arte reside en la mente del Arquitecto divino. Ese mismo axioma puede aplicárselo a sí mismo el masón de hoy día, que deberá «aprender entero» (*discitur plena*) las Artes Liberales, ya que, pese a la clasificación en *Trívium* y *Quadrivium*, existe una unidad entre todas ellas, pues se trata en definitiva de un todo inseparable. Esto es claramente visible en el grado de Compañero, que es donde las Artes Liberales constituyen directamente un tema de estudio y de profundización junto a los Órdenes de Arquitectura y el sentido iniciático de los útiles de la construcción.

El *Trivium* («Tres vías»), hace referencia al arte de la palabra como ordenadora del pensamiento y de su expresión, ya sea oral o escrita, mientras que el *Quadrivium* («Cuatro vías») alude a aquellas disciplinas que se relacionan con las matemáticas, es decir con las artes del número. La primera indica la «ciencia de las letras», pero resulta que, desde una perspectiva iniciática y tradicional, ella es inseparable de la «ciencia de los números», y ambas constituyen la «ciencia de los nombres», que comprenden a las letras y los números, de ahí que en determinadas lenguas sagradas (como el sánscrito, el hebreo y el árabe) exista una equivalencia entre letras y números. En

---

[10] De abajo arriba, el orden de estas *sefiroth* de «construcción cósmica», con sus nombres y sus correspondencias con las Artes Liberales y las energías planetarias, sería el siguiente: *Yesod* (Fundamento, Gramática, Luna), *Hod* (Gloria, Retórica, Mercurio), *Netzah* (Victoria, Lógica, Venus), *Tifereth* (Belleza, Aritmética, Sol), *Gueburah* o *Din* (Rigor o Justicia, Geometría, Marte), *Hesed* (Misericordia, Música, Júpiter) y *Binah* (Inteligencia, Astronomía, Saturno). Sobre las correspondencias entre estas *sefiroth* y las Artes Liberales ver de nuevo el artículo de José Manuel Río en la revista Symbolos Nº 1.

LAS ARTES LIBERALES
UN MODELO DE LA COSMOGONÍA

el caso de la lengua hebrea existe la «ciencia de la combinación de las letras y los números», muy practicada por los cabalistas, que dan el nombre de *gematriá* (derivada de gramática, y no de geometría como a veces se dice) al método que interpreta las palabras y los nombres asignándoles un valor numérico a cada una de las letras del alfabeto, de tal manera que palabras que son distintas entre sí pero tienen el mismo valor numérico expresan un significado equivalente, e incluso una misma identidad. Es el caso de la palabra Unidad (*Ejad*) y Amor (*Ahavah*), que tienen el mismo valor numérico: el 13.

En ese tratado sobre las Artes Liberales que es *Las Bodas de Filología y Mercurio*, de Marciano Capella, Mercurio ofrece a Filología como regalo de bodas a siete sirvientas para que la ayudaran a proseguir su camino hacia la Sabiduría. Las tres primeras (el *Trivium*) se encargarían del perfeccionamiento de su mundo interior, y las otras cuatro (el *Quadrivium*) le permitirían un conocimiento más amplio del mundo exterior, otorgando así a las tres primeras una importancia relevante que no se les concede habitualmente por considerarlas menores con respecto a las cuatro restantes. Si bien es verdad que la Aritmética, Geometría, Música y Astronomía están directamente relacionadas con la arquitectura del templo (en este caso la catedral, el templo cristiano), no hay que olvidar que este era considerado también un «libro de piedra» donde se cristalizaba el *Hieros Logos* (el «Discurso Sagrado» del Gran Arquitecto), y como tal podía leerse y narrarse, incluidos los episodios de la historia sagrada plasmados en él.

Las Siete Artes Liberales.
En el centro la personificación
de la Masonería con el caduceo
hermético, el compás
y la escuadra.

Las siete Artes Liberales

GRAMÁTICA. La palabra gramática deriva del griego *grámmata* («letras»). Ella es la ciencia que enseña a hablar y escribir correctamente y, como dice San Isidoro, la gramática «es origen y fundamento de las letras liberales», es decir del *Trivium*, pero en realidad lo es también del *Quadrivium* por las razones que hemos expuesto anteriormente. En este sentido, en la iconografía medieval y renacentista se la representaba a veces como una mujer portando en la mano una llave llamada «argumento», con la que abría el castillo donde se encontraban el resto de las Artes Liberales, indicando así que sin la llave (o clave) de la gramática no podía accederse al interior del mismo. En este sentido, no ha de olvidarse que el origen de la gramática está el Intelecto divino creando el mundo por su Palabra: «En el principio era el Verbo» se lee en el Evangelio de San Juan. En efecto, y en analogía con esa Palabra, antes de devenir letras (*grámmata*) la voz humana es un sonido articulado, siendo un don propio y exclusivo de ella. Además, la palabra tiene el poder de fecundar el alma humana (lo mismo que la letra, que es su plasmación) cuando es vivificada por el espíritu. Ese sonido articulado es, pues, una «poética», una «palabra inspirada». Esa «inspiración» es propiamente un «espíritu», de *spirare* (soplo), el cual comunica una idea con la capacidad de «crear», o de «construir», que esto es lo que significa poesía, del griego *poiein*. Pero además, *crear* tiene la misma raíz de *carmen*, el verso recitado en forma de canción, comunicada por los poetas, o vates, de ahí vaticinio, o adivinación.[11] De *carmen* derivó *Carmenta*, considerada por Boccaccio en su obra *Sobre las Mujeres Ilustres* la diosa que inventó las letras del alfabeto latino.[12] Con la aparición de esta diosa (idéntica a la griega Nicóstrata, ligada con la Gramática), Boccaccio está aludiendo sutilmente a una mutación producida antiguamente en el seno de muchas tradiciones, que hasta entonces comunicaban el Conocimiento de forma oral.

En efecto, con el paso del tiempo, y para evitar que ese conocimiento conservado entre los sabios «inspirados por el Espíritu» se hiciera incomprensi-

---

[11] Entre los celtas el vate o poeta pertenecía, junto a los druidas y los bardos, a la casta sacerdotal y estaba encargado de los ritos referentes a la adivinación y la profecía. La misma función tenían los vates en la antigua Roma, los cuales residían en la «colina de los vates», la que siglos después dio nombre al Vaticano.

[12] A este respecto, y hablando de la palabra *carmen*, René Guénon (*Símbolos Fundamentales de la Ciencia Sagrada*, cap. VI), señala que en latín los versos se llaman *carmina*, añadiendo que *Carmen* es idéntica al sánscrito *karma,* que debe tomarse en su sentido particular de «acción ritual». Y más adelante señala que en el origen todo esto era «algo muy distinto de la simple producción de una obra artística o literaria, en el sentido profano, único que Aristóteles parece haber tenido presente al hablar de lo que él ha llamado 'ciencias poéticas».

ble, fue necesario que las palabras se «fijasen» en signos, en ideogramas e incluso en jeroglíficos, o sea en símbolos visuales, naciendo así la escritura en sus distintas formas. El «verbo se hizo signo», y con la escritura aparicieron los textos y libros sapienciales de todos los tiempos, como los *Vedas*, el *I-Ching*, la *Biblia*, el *Pol Vuh*, los poemas épicos como el de *Gilgamesh* y las *Edda* nórdicas, etc., sin olvidarnos de los libros Herméticos que, como el *Poimandrés* y el *Asclepio*, surgieron en Alejandría durante la época helenística. Con los textos escritos surge naturalmente la gramática como un conjunto de reglas y normas que ordenan y estructuran el uso de la lengua, lo cual es imprescindible, si bien, en el ámbito del conocimiento iniciático, no ha de olvidarse que dichas reglas responden siempre a unos principios de un orden más elevado. Esto nos hace recordar que, en el hinduismo, la gramática es una de las «ciencias auxiliares» del *Veda*, o sea de la Ciencia Sagrada. De hecho, eso son las Artes Liberales en Occidente: ciencias auxiliares de la Sabiduría, como nos sugería Alcuino de York cuando, recordando a Salomón, afirmaba que la Sabiduría levantó sus siete columnas para establecer los fundamentos del mundo.

Las reglas del lenguaje están supeditadas a una lógica que sirve para aplicar en un dominio determinado los verdaderos principios, que son universales (ver René Guénon, *Introducción General al Estudio de las Doctrinas Hindúes*, Tercera Parte, cap. VIII). Por eso, una vez aprendidas sus reglas, la gramática no puede estar supeditada a ellas exclusivamente, con el peligro que esto supone de tomar el medio por el fin, sino que, como Platón dejó escrito en sus numerosos Diálogos, la gramática, en el ámbito de la Filosofía tal y como él la enseñaba, debe utilizar su arte en la búsqueda de esos principios: la Justicia, el Bien, el Amor la Belleza, la Verdad, la Inteligencia, etc.

Por otro lado, las palabras habladas, además de distinguirse entre sí como las palabras escritas, son también un fonema, o sea un sonido que las conecta a ese «soplo» o «espíritu» originario. No menos importante es la sílaba, que no puede descomponerse, manteniendo así la unidad que cohesiona la palabra y con ella su sentido, y a este respecto hay que recordar que es silábicamente como se transmite la palabra sagrada en el grado de Maestro masón, el cual ya sabe «deletrear», a diferencia de los grados de Aprendiz y Compañero, que necesitan la «primera letra» para poder dar la «segunda».[13] Dentro de este arte hay que destacar asimismo la etimología, o sea el conocimiento del verdadero significado de las palabras, siendo por tanto una

---

[13] Por otro lado, la llamada «oración gramatical» constituye la parte más pequeña del discurso capaz de comunicar una idea, y está constituida por un ternario: el sujeto y el objeto (o predicado) unidos o relacionados por un verbo. Utilizando el ejemplo de la Trinidad cristiana: «el Padre ama al Hijo», siendo el verbo que los relaciona (el amor) el Espíritu Santo.

herramienta muy útil para conocer las Artes Liberales en su totalidad.[14] Aquí incluimos naturalmente las lenguas sagradas y las derivadas de los alfabetos que, como el griego y el latín, dieron origen a las lenguas que mayoritariamente se hablan hoy en día en Occidente.

Por eso mismo la gramática es también el arte de crear las palabras y los nombres, y a este respecto todo cuanto dice Platón en el *Cratilo, o de las palabras* ha de verse como un tratado de gramática en el sentido más noble del término. Veamos un ejemplo de este diálogo en donde, por boca de Sócrates, Platón habla de la formación de la palabra *anthropos* (hombre):

> Este nombre (*anthroopos*), significa que los demás animales ven las cosas sin examinarlas ni dar razón de ellas, ni contemplarlas (*anathrei*); mientras que cuando el hombre ha visto una cosa, (*eoorake*), lo que expresa igualmente la palabra (*opoope*), la contempla y se da razón de ella. El hombre es el único, entre los animales, a quien puede llamarse con propiedad (*anthroopos*), es decir, contemplador de lo que ha visto, (*anathroon a opoope*).

RETÓRICA. En la *Mackey's Revised Encyclopedia* del masón Albert G. Mackey se dice que la Retórica es:

> El arte de embellecer el lenguaje con los ornamentos de su construcción con el propósito de que el orador tenga el poder de persuadir o influir en aquellos que le escuchan. Implica y requiere un buen conocimiento de todas las demás artes liberales. El primer requisito para poder embellecer su discurso es que el orador esté familiarizado con el tema del que trate, de ahí la antigua regla que dice que el orador debe ser conocedor de todas las artes y las ciencias. En las Antiguas Constituciones se describe la Retórica como lo que enseña al hombre a hablar de forma justa y en términos refinados.

De esta definición destacamos varias cosas. La primera de ella es que, como dice Platón en el *Gorgias*, este arte, además de enseñar a hablar, consiste en la persuasión mediante el bello discurso, pero al mismo tiempo se pregunta qué persuasión nace de la retórica y acerca de qué, porque para el sofista Gorgias, de gran habilidad dialéctica, ella consiste simplemente en la capacidad de persuadir, con independencia de que aquello hacia lo cual inclina su discurso sea verdadero o falso, justo o injusto, lo cual es hacer un

---

[14] Sobre la etimología leemos nuevamente en *Introducción a la Ciencia Sagrada. Programa Agartha* (Módulo I, acápite 17): «No hay disimilitud entre las cosas y su nombre, ya que éste significa la realidad de la cosa, la energía que éste representa y que el nombre confirma y revela. No es pues la lengua una convención, ni las palabras juegos artificiales o primitivos balbuceos, que manifiestan exclusivamente necesidades 'físicas' o utilitarias. Los orígenes de las palabras son importantísimos e iluminadores, pues las raíces de donde provienen, así como los diferentes sentidos que ellas tienen, o pueden tener, y las relaciones a que estas analogías nos llevan, conforman un estudio revelador acerca de los conceptos de donde ellas derivan».

uso de la retórica que en el fondo falsea su arte. Por eso, quien utiliza su oratoria pero no distingue entre lo bello y lo feo, lo justo y lo injusto, la mentira y la verdad, es alguien sin ninguna ética y profundamente inmoral.

Todo lo contrario, para Sócrates la retórica ha de estar en posesión de un hombre instruido en la verdad y la justicia, y que las propague y persuada con ellas, en definitiva de que sea «conocedor de todas las artes y ciencias» (como señala Mackey), definición que también encontramos en el *Fedro*, diálogo que junto con el *Gorgias* es donde Platón instruye acerca de la retórica, que sería el arte de decir la verdad y persuadir de ella a los que escuchan, o sea de inclinarlos a la Sabiduría.[15] El arte de la oratoria sin artificios y engaños, refuerza esa parte de la memoria que en el ser humano lleva impresa el «recuerdo» de las Ideas, sacándolas a la luz mediante la mayéutica, el «arte que ayuda a parir conocimientos».

Todas las artes y ciencias quieren persuadir argumentando sobre las bondades de su materia, pero la Retórica solo tiene la palabra para convencer con sus explicaciones, y estas, cuando son para educar en la verdad, la justicia y las otras virtudes, han de estar ajustadas a ellas, sobre las que se asienta la belleza de todo discurso que busca el conocimiento del ser de las cosas. Petrarca hablaba de unir la retórica y la filosofía, es decir la elocuencia de la palabra y el amor al saber. De manera más explícita y profunda afirmaba el hispano-romano Quintiliano en su libro *Sobre la Formación del Orador* que: «es la *vis mentis*, la fuerza del espíritu, quien nos hace capaces de hablar», y por consiguiente de dirigir nuestro discurso en pos de las Ideas inmutables y eternas. La palabra, y la letra, fecundan el alma cuando son emisarias de las ideas, o sea cuando en ellas está el espíritu, pero también pueden 'matarla' cuando son solo adornos de un discurso finalmente vano, a lo sumo alegórico, como el de los sofistas, tan abundantes en la época de Platón como en la nuestra.

LÓGICA. Es el arte de encontrar la verdad mediante la utilización del razonamiento y la palabra, pues ella deriva de Logos, que es a su vez razón y verbo, si bien se trata del Logos divino, o sea que el arte de que se trata está directamente relacionado con el dios que ilumina la mente humana mediante la inteligencia y la palabra. Tiene, por tanto, puntos en común con la Gramática, la Retórica y la Dialéctica (que la sustituye a veces como arte liberal), todas ellas relativas al diálogo como método de hallar la verdad. Sin embargo, y gracias a este vínculo etimológico con Logos, la lógica argumenta sus razonamientos aplicando en el dominio de la individualidad humana los

---

[15] Frances Yates *El Arte de la Memoria*, capítulo II. La autora recuerda, además, que en el *Fedro* Platón atribuye al dios egipcio Thot, el Hermes griego, la invención no solo de la aritmética, de la geometría, la música y la astronomía (o sea del *Quadrivium*), sino también de las letras.

principios de orden universal, estableciendo así un vínculo con ellos. To-memos un ejemplo de lo que decimos acudiendo nuevamente a Escoto Erí-gena, quien en su obra *Sobre la División de la Naturaleza* utiliza la expresión «conozco que soy» para elaborar un razonamiento lógico con un ritmo triá-dico que, sin embargo, es movido por la acción del Intelecto divino, y a su luz es comprendido:

> En consecuencia, cuando digo «conozco que soy» ¿no estoy significando tres cosas, inseparables entre sí, en esta única palabra que es 'conozco'? En efecto, muestro que yo soy, que puedo conocer que soy, y que conozco que soy. ¿Ves ahora cómo con una palabra se significa tanto mi esencia, como mi potencia y acción? Pues no conocería si no fuese, ni conocería si careciera de potencia intelectual, ni calla en mi tal potencia sino que prorrumpe en la ac-ción de conocer. (490B).[16]

Si la lógica no expusiera racionalmente las verdades más elevadas no ha-bría manera de expresarlas mediante el lenguaje humano. Es lo que señala René Guénon (*Ibíd.*):

> [La lógica] no puede consistir más que en una suerte de traducción de las verdades metafísicas en modo discursivo y racional, porque la constitución misma de todo lenguaje humano no permite que sea de otro modo. La lógica, como las matemáticas, es exclusivamente una ciencia de razonamiento; la ex-posición metafísica puede revestir un carácter análogo en su forma, pero en su forma únicamente, y, si entonces debe de ser conforme a las leyes de la ló-gica, es porque esas leyes mismas tienen un fundamento metafísico esencial, a falta del cual no tendrían ningún valor; pero, al mismo tiempo, es menester que esta exposición, para tener un alcance metafísico verdadero, sea formulada siempre de tal manera que, como ya lo hemos indicado, deje abiertas posibili-dades de concepción ilimitadas como el dominio mismo de la metafísica.

Esta referencia comparativa que hace Guénon con las matemáticas, o sea con la aritmética, permite ver también en la Lógica el arte que establece el vínculo entre el *Trivium* y el *Quadrivium*. Estas últimas (aritmética, geome-tría, música y astronomía) están directamente relacionadas con la arquitectu-ra, por lo que eran perfectamente conocidas por los constructores, aunque desde luego éstos sabían muy bien que el cosmos es también la grafía y el discurso, el Logos, del Gran Arquitecto, y de sus estructuras prototípicas ex-traían la «inspiración» para plasmar ese discurso en su arte.

---

[16] Esta frase, «conozco que soy», recuerda mucho a esta otra: «Yo soy el que Soy», que es la que «oye» Moisés en la cima del Sinaí durante el episodio de la «zarza ardiente», y que se ha tomado como la definición más exacta de lo que es la Ontología, el estudio del Ser.

LAS ARTES LIBERALES
UN MODELO DE LA COSMOGONÍA

ARITMÉTICA. En el *Convivio* (T. II, XIII), y hablando de la Aritmética, Dante encuentra en ella una semejanza con el Sol:

> El cielo del Sol se puede comparar a la Aritmética por dos propiedades: una es que de su luz se informan todas las demás estrellas; la otra es que los ojos no pueden mirarla. Y estas dos propiedades existen en la Aritmética, porque de su luz se iluminan todas las ciencias, ya que sus objetos todos son considerados bajo algún número, y en la consideración de aquéllos, siempre con número se procede (...) La otra propiedad del sol se reconoce todavía en el número, del cual trata la Aritmética, porque el ojo del intelecto no le puede mirar;[17] ya que el número, considerado en sí mismo, es infinito.

En efecto, el Sol es el cuarto cielo, como la aritmética es la cuarta ciencia, o sea que está en medio de las otras seis, como el Sol, en la representación tradicional, está en medio del septenario planetario, el sistema que él ordena al iluminarlo con la potencia de sus rayos. Estas ideas acerca del número y su vínculo con los planetas han sido atribuidas a Pitágoras, al igual que la escala musical en relación asimismo con ese septenario, estableciendo así una interrelación armónica entre la aritmética, la música y la astronomía, a la que se añade naturalmente la geometría al ser el «cuerpo» del número, pues esas relaciones trazan una geometría invisible que se cristaliza y encuentra eco en las formas del mundo. El número introduce un orden en todo cuanto existe. Gracias a él, la diosa Inteligencia hace acto de presencia en todas las manifestaciones humanas, y toda discordancia se convierte en armonía: el grito se convierte en canto, el salto en danza, el ruido en música...

Por eso dice Dante que la aritmética ilumina todas las ciencias, no solo las del *Quadrivium*, sino también las del *Trivium*, pues las palabras y las letras están sujetas, como las artes del *Quadrivium*, a un orden determinado por el número, empezando por el de las letras que componen cualquier alfabeto (22, 28, etc.), el cual no puede ser indefinido sino responder a una estructura que lo articule y limite para ser inteligible, pero con cuyas combinaciones pueden nombrarse todas las cosas, que, estas sí, pueden ser indefinidas, como lo son las notas musicales, ofreciendo con ello toda la gama de los sonidos del mundo, que pueden ser leídos mediante la notación musical según una convención previamente establecida. Y así como hay un número determinados de letras, también existe un número determinado de números, que son diez. No hay más números que diez, y sin embargo las multiplicaciones, sumas y divisiones entre ellos son igualmente indefinidas, aunque sujetas a unos patrones y pautas que las hacen tener un sentido que concuerda con la

---

[17] Al mencionar el «ojo del intelecto» Dante se está refiriendo aquí evidentemente al Sol espiritual, no al sol físico.

naturaleza misma de las cosas, y que nos hace ver a los números y sus operaciones y relaciones mutuas no ya como cantidades sino como cualidades o atributos inherentes a cada uno de ellos.

Por eso mismo, el número uno no enuncia solo una cantidad, una cifra determinada, sino un principio. El simboliza la Unidad (la Mónada), que no significa lo mismo que el dos, la Dualidad (la Díada), que tiene otras atribuciones, o que el tres (la Tríada), o el cuatro (el Cuaternario), y así hasta el diez, el Denario. Cada uno de ellos es un atributo del Ser Universal, que si está signado por el uno es porque él es el principio de todos los números, como la Díada es el principio de los números pares y la Tríada el principio de los números impares, mientras que el Cuaternario representa el conjunto de toda la manifestación universal, que surge de esos tres principios, o arquetipos. El Cuaternario, la *Tetraktys* pitagórica, se reproduce numéricamente mediante la suma de 1+2+3+4, que es igual a 10, el número de la totalidad y de la perfección, que igualmente se representa mediante la circunferencia (equivalente al 9) y el punto central de la misma, equivalente al 1. El cosmos, la manifestación universal, es indefinida, y sin embargo en la tradición taoísta esa indefinitud está simbolizada por el número diez mil. Se pasa así de una mera cantidad (lo indefinido e innumerable) a un concepto que la «delimita» para que tenga sentido, es decir una cualidad. Además, diez mil no es sino 10 elevado a su cuarta potencia. Si existe el Verbo como origen primero de la Creación, también existe el número como Idea y como arquetipo de esa misma Creación. Todo en el universo puede ser nombrado o numerado, excepto aquello que por su naturaleza metafísica es innombrable y no numerable, pero que sí puede concebirse en el Espíritu como un misterio que, paradójicamente, es el que «sostiene al mundo» al decir del *Zohar* cabalístico.

GEOMETRÍA. Geometría quiere decir «medida de la Tierra», lo cual tiene mucho que ver con el oficio de constructor, en cuanto que este debe comenzar por delimitar un espacio con el fin de realizar su obra. En la Masonería ella es la «quinta ciencia», y su inicial, la «G», aparece muchas veces inscritas en el centro del pentagrama, o «Estrella Flamígera», que si bien se relaciona con el hombre regenerado y el grado de Compañero, antiguamente era un símbolo del Maestro y del propio Gran Arquitecto, o Gran Geómetra del Universo. Entre los masones operativos, la Geometría se identificaba con la Masonería, y se hablaba indistintamente de una y de otra. La geometría está indisolublemente asociada con la 'luz', el elemento cosmogónico por excelencia, pues según nos describen los mitos fundacionales de todas las culturas, el cosmos (el orden universal) se genera gracias a un 'acto luminoso' (*Fiat Lux*) realizado por el Dios Creador, el Demiurgo, emanación del Gran Arquitecto. La creación del cosmos es un acto de la Inteligencia divina al extraer del caos precósmico todas las posibilidades de manifestación, y las estructuras simbólicas son para nosotros el medio vehicular de que nos servimos para comprender ese acto primigenio, la manera en que puede revelársenos el poder de la Inteligencia divina, que es verdaderamente la que nos regenera interiormente con la ayuda inestimable de la Belleza, 'el ornamento de la Verdad', en palabras de Platón. La expresión 'Que nadie entre aquí si no es geómetra' que figuraba en el frontispicio de la entrada a la Academia de Platón en Atenas, expresa muy bien cuál era la naturaleza de sus enseñanzas, pues como ciencia y arte simbólica la Geometría es un vehículo que expresa las ideas inteligibles a través de formas precisas y 'medidas', y podríamos decir que ella es la «ciencia de la medida» por excelencia.

Constituye por tanto un código y un lenguaje cuya didáctica necesariamente se interrelaciona con otras ciencias y artes de la Cosmogonía, especialmente con las del número, pues como decían los pitagóricos todo estaba dispuesto conforme a él, concepto que Platón desarrolla especialmente en el *Timeo*. No es entonces por casualidad que en la enumeración de las Artes Liberales la geometría venga inmediatamente después de la aritmética. Ambas son inseparables. Pasamos de la una a la otra sin solución de continuidad, como si se tratara de una sola ciencia, y el hecho es que la geometría siempre se ha considerado como el 'cuerpo' del número, como señalamos anteriormente. Este, en sí mismo, como número puro, es una Idea, por eso no puede confundirse con la cifra y lo meramente cuantitativo, como la geometría tampoco puede confundirse con las 'magnitudes' y 'extensiones' de los cuerpos en el espacio sin relación alguna con aquellas 'formas' que visibilizan la naturaleza sagrada del número, y que son precisamente las que merecen ser calificadas de símbolos. El número es la Idea inteligible expresada por la forma geométrica.

MÚSICA. La Música es la más sutil de todas las artes liberales, y aunque pertenezca al *Quadrivium* es innegable que ella está presente en el *Trivium* a través de la articulación armónica de las voces y las palabras al ser portadoras de una inteligencia que se expresa a través de ellas, tal y como venimos diciendo. No en vano la misma palabra Música significa «arte de las Musas», lo que nos revela su origen celeste, y no sólo porque su nombre derive de las hijas de la Memoria (*Mnemosine*) y de Zeus, sino también por el estrecho vínculo que unen a las Musas con Apolo, el dios geómetra y patrocinador al igual que ellas del arte y la belleza bajo todas sus formas, y de cuya lira de siete cuerdas surgen los sonidos de la Armonía Universal. La «inspiración» que viene de las Musas es una música que nos comunica con el plano sutil del alma, que está hecha de naturaleza musical, y desde esa perspectiva enfocamos nuestra relación con el mundo, que siendo la creación del Gran Arquitecto se nos aparece como una «obra de arte» que encuentra eco, o sonido, en nuestro interior, y la que necesariamente reproducimos con nuestro gesto creativo, cualquiera que este sea, y cualquiera que sea la substancia que empleamos para plasmarlo exteriormente. Por eso mismo, la Música, el «arte de las Musas», está presente en todas las artes, desde la danza a la arquitectura, pues las proporciones en el espacio equivalen a los ritmos en el tiempo, y por tanto en la música, que es, como la poesía, el «arte del tiempo», de ahí el «tempo musical» y sus diversas expresiones ligadas con los estados anímicos: *andante, allegro, patético, brío, moto*, «los cuales revelan de por sí un drama interno entre varios ritmos y personajes, cuya descripción (...) la encontramos inmemorialmente en todos los mitos y cosmogonías antiguas.» (*Programa Agartha*, Módulo II, acápite 46).

La Música conforma una estructura de sonidos articulados por el número (a*rithmós)*. Pero en ella también son importantes los silencios, es decir los intervalos entre los sonidos, de tal manera que la Música es el arte de organizar esos sonidos y silencios, análogos al *yang* y al *yin*, respectivamente, respondiendo así a un ritmo (*rhythmós*) cuyo compás y cadencia armónica «une», «junta» o «concuerda» (que eso quiere decir la palabra armonía) esa dualidad, que se resuelve en la sucesión de acordes que generan las «unidades rítmicas» constitutivas de la melodía y el canto, evocando así la idea de un movimiento regular y continuo que podemos encontrar también en el verso *rimado* y en el *rito*. El ser humano es un generador de ritmos, que son consubstanciales a la vida desde sus inicios, hasta el punto de que lo primero que escuchamos son los latidos rítmicos de nuestro corazón en el vientre materno. No en vano, la palabra acorde y corazón tienen idéntica etimología, la misma de concordar y recordar, que quiere decir «volver a pasar por el corazón», sede de la memoria en numerosos pueblos tradicionales. De ahí el enorme poder evocador y reminiscente de la música, capaz, como el relato mítico y poético, de interrumpir el flujo del tiempo, y del olvido, para hacer presente lo que en el ser constituye su realidad más esencial. Antes hablamos de los silencios como contrapunto necesario a los sonidos; sin embargo esos silencios, desde otra perspectiva, sí pueden ser percibidos por el «oído interno» como los «sonidos» de lo inaudible, que son las ideas en su misma fuente increada y metafísica. Los sonidos son a la creación (al Ser que se manifiesta) lo que los silencios son a lo increado, al No Ser, al Vacío. No hay música sin silencio, como no existe el Ser sin el No Ser (que es su principio metafísico), o la palabra sin el pensamiento que la cobija.

En la Masonería se utiliza la expresión «Columna de Armonía» para referirse al momento en que la música irrumpe en los trabajos de la Logia, que no es solo un modelo del cosmos sino también de nuestro templo interior. En realidad la Columna de Armonía es el propio ser humano que ha reconocido que él es una nota dentro del Concierto universal. Así, desde el punto de vista iniciático, el valor terapéutico de la música corre paralelo al conocimiento de las armonías internas. Este es el sentido que la Masonería asigna a la Columna de Armonía durante los trabajos de Logia, a saber: constituirse en una parte más del rito, participando así en la transmisión de la influencia iniciática, «percibida» también como un sonido intangible, una palabra, un mito evocador, que resuenan en nuestra memoria y que actúan de *Fiat Lux* iluminador sobre el conjunto de la individualidad humana, poniéndola en concordancia, es decir en armonía, con el Espíritu universal. En aquellas logias donde la música forma parte del rito, la Columna de Armonía se constituye en un elemento activo del psicodrama vivido durante la iniciación en los tres grados de Aprendiz, Compañero y Maestro.

ASTRONOMÍA. De todas las Artes Liberales hay tres que siempre ocupan la misma posición, como si se trataran de tres pilares sobre los que se apoyan el resto: Gramática (la primera), Aritmética (la cuarta) y Astronomía (la séptima). En el caso de esta última, ella aparece como la conclusión y confluencia de todas las demás, lo cual no es de extrañar, pues se trata de la ciencia que estudia la naturaleza del Cielo, o sea del origen de donde todas las ciencias y artes proceden. Esto es especialmente evidente en la Música, empezando por la idea de la Armonía de las Esferas, a las que se refirió Isaac Newton en sus «Escolios Clásicos» (comentarios a su obra magna *Principios Matemáticos de la Filosofía Natural)* hablando precisamente del momento en que Pitágoras numeró los tonos musicales oyendo los sonidos de los martillos en una herrería:

> Pitágoras numeró sus tonos musicales desde la Tierra, como si desde aquí a la Luna hubiera un tono, de allí a Mercurio un semitono, y de allí al resto de los planetas otros intervalos musicales. Pero enseñaba que los sonidos eran emitidos por el movimiento y el roce de las esferas sólidas, como si una esfera mayor emitiera un tono más pesado, como sucede cuando se golpean martillos de hierro. Y de ahí, al parecer, surgió el sistema ptolemaico de los orbes sólidos, cuando, entretanto, Pitágoras estaba escondiendo bajo parábolas de este tipo su propio sistema y la verdadera armonía de los cielos.

Astronomía quiere decir «orden de los astros», en referencia al conocimiento de las leyes que los rigen, siendo por tanto el equivalente exacto de la palabra Astrología («estudio de los astros»). Antiguamente no se hacía ninguna distinción entre ambas, y hay que recordar que en todas las civilizaciones premodernas los astrónomos eran igualmente astrólogos, pues el objeto de su estudio consistía en establecer, mediante la contemplación de los movimientos cíclicos y rítmicos de los cuerpos celestes (constelaciones, estrellas y planetas), las conexiones y correspondencias sutiles que existen entre estos, la Tierra y el hombre. En dichas civilizaciones, los astros siempre fueron considerados los emisarios de la voluntad de los dioses, que los augures y sacerdotes canalizaban a través de determinados modelos simbólicos (caso del Zodíaco y los Calendarios, verdaderos códigos de conocimiento), rigiendo así todos los aspectos de la vida de esos pueblos y sus habitantes, que así quedaban ligados al orden y la armonía general del mundo. &

OBRA RECOMENDADA

La Masonería
Símbolos y Ritos

Francisco Estupiñán Bethencourt (Las Palmas de Gran Canaria, 1961) es periodista, escritor y poeta. Está doctorado en Ciencias de la Información y licenciado en Filología Hispánica. Colaborador de diversas publicaciones culturales, su primera incursión editorial fue la obra de no ficción *La isla redimida* (Cabildo de Fuerteventura, 2005). Con su primera novela, *El corsario de Lanzarote* (CajaCanarias, 2012), obtuvo el prestigioso Premio Benito Pérez Armas 2011. En 2015, MAR Editor publicó su segunda novela, de título *Negro Juan*. Su tercera novela, *El águila de San Juan*, publicada bajo el sello de Aguere-Idea en 2019, es su última incursión en la narrativa hasta el momento. Su primer poemario editado, *La casa de piedra,* es de inminente aparición. También ha realizado diversos trabajos de investigación, entre ellos *La escritura entre líneas* (Servicio de Publicaciones de la Universidad de La Laguna).

LA GRAMÁTIC
ES EL HOMBRE

Francisco Estupiñán Bethencourt

«Te llamo alma, con un cuidado extrem
Y escojo esta palabra para hacerte preser

Antonio Cabrera

L a masonería es un producto cultural europeo, un cultivar, que, como ocurre históricamente en Occidente, tiene afán de universalidad. Es un ideal ecuménico. Pero es europeo por sus fundamentos cristianos, grecorromanos, medievales, renacentistas e ilustrados que le sirven de fuentes y la componen: la Biblia y la Cábala, Platón y Pitágoras, los *collegia fabrorum*, las Artes Liberales, la alquimia, el liberalismo…, todos ellos forman parte de su cultura, la que tiene su origen en las riberas del Mar Mediterráneo.

Las Artes Liberales medievales que hemos mencionado están estrechamente unidas a la aparición de las primeras universidades en la Baja Edad Media, representan la sistematización de la transmisión del conocimiento. La primera fase de estos estudios, el *Trivium*, tiene como enseñanzas el aprender a pensar con sentido crítico (lógica) y a expresarlo correctamente en el lenguaje oral (oratoria), la lectura y la escritura (la gramática así entendida, no en el sentido actual de la filología: el estudio de la morfosintaxis).

LA GRAMÁTICA ES EL HOMBRE

El propósito de esta última materia de estudio, que hoy es tan común como primera etapa de los estudios infantiles, muestra una especial relevancia porque, con la escritura, el hombre deja atrás la prehistoria, entra en la historia dejando constancia documental de su memoria individual y colectiva, representa el nacimiento de la humanidad misma alrededor de 5.000 años antes de la era cristiana. Primero, con pictogramas que no permiten la abstracción y, después, con la escritura alfabética, la que nos concierne, que supera esa limitación. Una invención que, con prontitud y más allá de fines meramente utilitaristas, deja constancia de la cosmovisión veterotestamentaria hebrea de tan honda influencia para la masonería. Tal es la importancia de la invención de la escritura que Ortega considera la historicidad como el elemento constitutivo del hombre, de la humanidad, más allá de ser naturaleza.

Y hace al caso resaltar, por otra parte, que, en una Edad Media en la que la generalidad de las personas eran analfabetas, esta disciplina formaba parte de la enseñanza superior reservada a las élites sociales. Superado el Trivium, se alcanzaba el tratamiento de *bachiller*, de persona instruida, adiestrada en lógica y lengua oral y escrita. Tal hecho permitía ejercer profesiones ajenas a los trabajos manuales, impuros, lo que se traducía en una distinción social incluso para los más modestos amanuenses, que recibían el tratamiento de bachiller como distingo al del común y, algo más tardíamente, el tratamiento de *don.*

Así pues, podemos afirmar que la formalización y extensión de este grado en las universidades de la Baja Edad Media permitió, entre otras cosas no menos importante, tanto conservar la literatura oral, caso de *El cantar de Mio Cid*, como posibilitó igualmente el Siglo de Oro español posterior y su poesía mística. Y sustituyó la visión aristotélica del universo propia de la escolástica por el platonismo, el mundo de la Idea. Impulsa, en fin, la aparición de la Edad Moderna europea, que alcanza su madurez con la Ilustración, momento histórico que da lugar, entre otras muchas cosas, a la masonería especulativa que, moralmente, se compromete en conciencia con los hombres más allá (¿o más acá?) de la normatividad impuesta por la religión o las banderías políticas de sus miembros. Es un sentido de la trascendencia que podría denominarse cívico, aunque esto puede tener excepciones con ritos más confesionales, como es el caso del Régimen y Rito Escocés Rectificado.

Queda manifiesto, entonces, que el fin del Trivium, de las tres vías, era enseñar a pensar y a saber expresar el pensamiento, a manejar el conjunto de reglas paradigmáticas y sintagmáticas de la lengua, sus recursos estilísticos y su expresión gráfica. Pero la unidad mínima de la lógica es el concepto, la imagen mental de una realidad, mientras que para la oratoria y la gramática lo es la palabra, la unidad mínima de significado. Con el lenguaje, entra en juego la subjetividad, la perspectiva. *Miedo* es un concepto universal que se puede formalizar lingüísticamente de tantas maneras como individuos. De modo más radical, *Dios* es un concepto universal que sólo adquiere realidad articu-

lado gramaticalmente, cuando el concepto es afirmado o negado. *Concepto* y *palabra* se funden para ser conocimiento al expresarse en una oración, cuando oramos; más intensamente cuando afirmamos o negamos, los enunciados propositivos, fundamentos de la lógica, de lo verdadero o lo falso. De la Verdad, que es siempre enunciativa. Son, en consecuencia, concepto y palabra dos realidades disyuntivas, pero en mutua inmanencia: sólo se pueden explicar referidas la una a la otra, al igual que masculino/femenino o derecha/izquierda. Ambas construyen nuestra realidad mental, pero ésta está interferida, a la par, por el contexto: nadie dejará de tener miedo a pesar de que acepte el llamamiento sensato a mantener la calma en medio de un naufragio.

Nuestras palabras, definitivamente, están intrínsecamente asociadas con la voluntad, la acción y las circunstancias comunicativas en las que éstas se producen, lo que se denomina la pragmática lingüística, también hermenéutica filosófica. La gramática como conocimiento es lo que da perspectiva y color al dibujo del concepto, lo que le otorga dimensionalidad, lo que lo hace representación de cierta, o incierta, realidad. Y lo hace aventurada, desbordando la Razón para llenar la vida de matices, de perspectivas, de subjetividades. Sirva de sencillo ejemplo que nuestra lengua española acepta reafirmar la negación con la doble negación, que, lógicamente, en cambio, es una afirmación: *No hay nada*. Decide reforzar el concepto de 'vacío' sintácticamente, contradiciendo para ello la lógica formal. La lengua muestra así que es una convención heredada, aunque en permanente hacerse.

¿Y qué tiene que ver toda esta reflexión sobre el concepto y la palabra con la masonería? La respuesta es sencilla y está escrita en el libro sagrado que encuentra el iniciado en el ara del templo: en el principio era el Verbo y el Verbo era con Dios. Y el evangelio de san Juan está escrito originalmente en griego clásico, en el que el término *Logos* designa tanto Razón como Palabra. Un atributo divino que se nos ha ofrecido y que, por lo tanto, constituye la vía hacia lo sagrado, hacia lo inefable y sublime, en un aparente oxímoron que precisamente nos devuelve a la retórica al adquirir un nuevo significado en su contradicción. Alcanzar la sublimidad de lo inexplicable es la definitiva superación del Logos que nos ata a lo humano, la Trascendencia, la contención de un espíritu, un alma, que forma parte de lo sagrado, que se expresa con el simbolismo y la ritualidad, que contiene, por tanto, una morfosintaxis, una gramática.

Sus primeros signos expresivos fueron, probablemente, el tótem y el tabú, una representación simbólica que se transforma en moral, lo que termina en devenir en una tradición, una cultura y unos usos y costumbres comunitarios en forma de ética y/o religión. También en la masonería, que contiene una tradición y una cultura privativas, aunque, como señalamos al principio, con un insoslayable sedimento del histórico *Mare Nostrum*.

Sus formas simbólicas tal vez más sencillas sean los útiles tradicionales de la albañilería. Y decimos útiles precisamente porque los primeros significados trascendentales vienen representados para el iniciado por instrumentos técnicos creados por el propio hombre, la técnica constructiva constituida en mensajes del Espíritu que nos atribuimos los humanos de múltiples maneras. Porque la primera manifestación de la humanidad es la técnica, la creación de instrumentos para superar la necesidad y alcanzar el bienestar. También parece señalársenos con ello a la tradición antropocentrista y humanista de los primeros siglos de la Modernidad occidental, la de los hombres libres e iguales que se dignifican con el trabajo, la mentalidad burguesa que Max Weber atribuyó a la ética protestante.

Pero los símbolos masónicos, conteniendo conceptos que alegóricamente remiten a lo trascendente y a lo moral, terminan por convertirse en palabras con el ritual, que coloca al masón en el centro de un universo tan cierto como misterioso porque interroga a nuestro sentido, la marca indeleble del Ser. La masonería, en consecuencia, no es un destino, como lo es la religión, sino, bien al contrario, su búsqueda, un sentido. Buscar esa fuerza trascendental que se impone a la vida de los hombres. Y que ellos otean desde los mismos inicios de los tiempos. Y esa búsqueda es hacia adentro del masón, esotérica en su significado etimológico, al surgir de la libertad de pensamiento que se incuba para Occidente con el Trivium y termina germinando con la Ilustración, al igual que la masonería asume como propio también el lema ilustrado Libertad, Igualdad, Fraternidad.

Es así como, aunadas las voluntades en este propósito, el rito convierte el templo en una ubicación espacio-temporal en lo sagrado, como así lo entiende Mircea Elíade; en el centro de la trascendencia y en su invocación para que no se oculte, para que se haga presencia compartida. Si la ciencia físico-matemática es capaz de intuir la Nada y el Vacío, de los que parece no existir constancia empírica, ¿por qué iba a negar esa inteligencia intuitiva la posibilidad de que la voluntad responda también al principio de acción-reacción general? La masonería, a través de estas manifestaciones intuitivas, conocedora de la capacidad de abstracción propia de la humanidad, lo ve, por ejemplo, al trasluz de los signos numéricos, de los poderes que se revelan en ellos con el número Fi, la progresión de Fibonacci, la geometría… La vida se realiza desde la absoluta abstracción del número. Razón y gramática que se ocultan al mundo profano y, sin embargo, se nos muestran simbólicamente en las Artes Liberales, en el encuentro con el Logos, en su sentido. Nos hallamos con otra de sus raíces medievales e ilustradas, en esta ocasión impregnadas de misticismo, especialmente en el grado de Compañero, tal vez el gran momento de la formación masónica. Porque es en este grado que el Logos comienza a adquirir formas propias.

Y no es que cuestionemos la entidad de las ciencias en modo alguno, sino que hablamos de mundos posibles. La tradición, la cultura y los usos y costumbres distinguen a las comunidades humanas en civilizaciones, en modos de vivir, que tienen una estructura semántica, de significados, que contienen una determinada imagen del mundo y de la vida, una cosmovisión. Pero sólo el horizonte semántico de todas las lenguas puede configurar la totalidad de mundo y vida, lo que es imposible de vislumbrar con la parcialidad que supone una sola lengua, una única y determinada estructura de significados; tampoco sin conocer todas las lenguas que han muerto en el camino de la historia. De ahí la enorme dificultad de las ciencias humanas para con su memoria, pues, como señala la sentencia, la historia la escriben los vencedores, los que consiguen el triunfo de sobrevivir. La auténtica condena del hombre se llama Tiempo.

Es posteriormente, con el acceso al magisterio, que el masón se forma a través de la alegoría, de la gramática misma, a través del relato surgido del fondo veterotestamentario. Las leyendas de Hiram, en ese grado, de Enoc, en grados sucesivos… se hacen presentes. La de Hiram Abif nos enfrenta con el gran drama de la humanidad, la muerte, y de superarlo por el camino de la Virtud, como lo hiciera el padre de Matusalén en el monte Moriá.

El Moriá (palabra que significa 'elegido o considerado por el Señor'), sito en la Jerusalén vieja, sería, luego de la bóveda sagrada enocita, el lugar donde debía ser sacrificado Isaac y también el lugar señalado por el rey David a Salomón para la construcción del primer Templo, el construido por Hiram. Estos datos nos señalan la importancia simbólica que representa esta realidad espacio-temporal de la tradición hebrea para la masonería: el lugar donde reside la Iluminación salvífica, la que nos redime de ser meramente un hecho biológico. Es el lugar simbólico donde mana la fuente del Espíritu. Que no sólo estamos, sino que también somos, en su sentido más profundo. ¿Y cuál es éste? Una respuesta podría ser que las abejas tienen como fin asegurar la continuidad del reino vegetal con la polinización, que los depredadores preservan (más bien preservaban) el equilibrio del reino animal. Pero el fin del hombre es conservar su entera dignidad y por eso forman parte exclusiva de su vivir en el mundo conceptos como el Bien y el Mal, la Virtud y el Vicio; como el Hades y el Olimpo, el Cielo y el Infierno

Se puede comprobar ahora que las leyendas, una de las formas estéticas más antiguas de la lengua, se construyen literariamente con un héroe simbólico que vive en una gesta, un conjunto de hechos memorables y ejemplificantes, como Sócrates o Jesús, muertos a manos de los propios hombres. Es, en otro terreno y a modo de ejemplo del hacer de estas composiciones, lo que representa la mencionada figura del Cid Campeador, joya de nuestra tradición literaria: el ser de España es una lucha de la Cristiandad. Cabe colegir que lo legendario narra el combate que supone vivir. La leyenda, pues, es una refinada expresión de la retórica y la gramática, ambas también realidades disyuntivas e inseparables, inexplicables la una sin la otra.

LA GRAMÁTICA ES EL HOMBRE

Y no puede quedar en el olvido que ese camino signado por las Artes Liberales termina formalizado en un léxico propio y otro apológico, como *era vulgar*, en el primer caso, o *llueve*, en el segundo. También grafías propias para señalar las abreviaturas, además de signos y gestos comunicativos que le son exclusivos. La masonería tiene una lengua propia, una semántica privativa que conforma su lenguaje, que constituye su Logos: su Razón, su Oratoria y su Gramática. Son ellas, una vez más, realidades inseparables, como refleja el estudio como unidad orgánica de los contenidos de las Tres Vías; como también creo que reflejan estas pocas páginas. Después vendrá el *Quatrivium*, el conocimiento superior de la aritmética, la geometría, la astronomía y la música, como ya nos revelara Pitágoras mucho antes de la Baja Edad Media. Las cuatro vías es el vuelco definitivo hacia el fondo de los misterios en la búsqueda definitiva de lo Sublime, de lo definitivamente Inefable, de lo ajeno a toda posibilidad gramatical, el ineludible reto de los hombres para no sentirse excluidos de toda posibilidad de trascendencia.

Esa es la leyenda de Jesucristo, el monoteísmo cristiano: compartir con la divinidad la naturaleza humana, no la de una divinidad que nos es del todo ajena a nuestra misma esencia, que también ella puede ser históricamente, a nuestra imagen y semejanza, condenada también en el Tiempo. Y su trágica epopeya, su memoria narrativa, sucedió y se escribió en la ribera mediterránea. Ese es el hecho diferencial de Occidente, de la masonería en consecuencia, pues, para el resto de cultos monoteístas, Dios es un tercero que, más que actuar, juzga impávido la condición humana, exige una entera sumisión. Sin embargo, la herencia helenística sí ha tenido influencia en el judaísmo y el mahometanismo, con consecuencias manifiestamente desiguales en ambas comunidades religiosas. El cristianismo es el ingrediente diferencial de la civilización occidental, la misma en la que nace y crece la masonería.

Pero el mundo de hoy no es el que se cifró en la Ilustración, la humanidad no conoce ya barreras, la globalización es una realidad necesariamente planetaria, permítase la redundancia significativa. La masonería debe perseverar en la búsqueda del ser espiritual del hombre con la práctica de la virtud moral y ciudadana aprendidas de Platón y Aristóteles. Siempre la *phrónesis*, la virtud aplicada a la razón práctica. Y eso obliga a tener en cuenta dicotomías tales como las que representan hoy hombre/biosfera, identidad/alteridad o pobreza/riqueza; nos impele también a un compromiso definitivo de la humanidad toda con los Derechos Humanos. En razón de que la sobreexplotación de recursos, las migraciones y la miseria son problemas globales que nos conciernen directamente y se suman a las fragilidades de las democracias de nuestra civilización, en crisis desde su mismo basamento sobre la separación de poderes. Un fundamento siempre distorsionado por la política y la economía, siempre insidiosas éstas, siempre al acecho para sus asechanzas, como nos enseña Paul Ricoeur. A lo que hay que añadir, sin restarle un ápice de importancia, los peligros que también albergan las nuevas tecnologías como formas de control y alienación. La *Big Data* también está al acecho desde sus puestos de caza, repartidos por todas las ciudades consideradas globales.

Esas realidades demandan el compromiso filantrópico que debe ayudar a construir, en el presente, el templo a la Gloria del Gran Arquitecto del Universo, para encontrar el Ser heideggeriano, digámoslo así, que habita en el hombre. Ayudar a construir una vida donde encuentre acomodo la infinita dignidad del hombre. Eso es a lo que obliga la filantropía masónica: ser las piedras que cimentan otro mundo posible que dimana de lo sacro, del Logos del que es inseparable, sin olvidar que la masonería es búsqueda de la Verdad, no el conocimiento imposible de la completitud de ésta, el fanatismo. El Ser, necesariamente, también es humano y, en no pocas ocasiones, olvida, y hasta renuncia, a la indulgencia. Más aun, a la benignidad. Sólo lo moral nos libra de las incertidumbres y los peligros.

Sólo la ética, por consiguiente, establece un sentido para andar todos los caminos, en modo alguno un destino, siempre inapelable, trágicamente ineludible. *Sentido* es un estado de la conciencia. Y nos señala que nuestro principal designio moral es el propio hombre. Y hoy más que nunca es el único antídoto contra el nihilismo que anunciara Nietzsche, la auténtica epidemia de este tiempo de Occidente, pues hace caso omiso al hecho de que la Virtud esencial reside en que amarás a tu prójimo como a ti mismo, el Otro al que nunca negarás tu bonhomía en la con-vivencia. Y eso es filosofía, en modo alguno política o religión, caldos de los que siempre asciende el vapor de la verdad espuria, la que aborrece el Trivium y la generosidad también legendaria del Logos, ese atributo sobrenatural, por insólito al menos, del Ser que le ofrenda la consciencia y la metacognición, el Espíritu, la chispa divina que alienta lo humano.

¡Salud, Fuerza y Unión!, ¡Libertad, Igualdad, Fraternidad! Ese es el camino que nos muestran las palabras. Ese es el sentido. ⚜

OBRA RECOMENDADA

La casa de piedra

Francisco Estupiñán Bethencourt

Josep-Lluís Domènech Gómez, funcionario emérito del Excmo. Ayuntamiento de Barcelona; ha sido Venerable Maestro de la R. L. Montjuic, Gran Canciller y Gran Maestro Adjunto del Gran Orient de Catalunya. Es Gran Maestro Adjunto para Exteriores, de la Gran Logia Simbólica de España (GLSE). Es miembro de la R.L. Ciencia i Llibertat y del Supremo Consejo Masónico de España (SCME) del que es grado 33º y presidente del Capítulo Rosacruz Salud, Fuerza y Unión. Fue iniciado en el Rito Egipcio en la Grande Loge Française de Memphis-Misraîm, en Perpignan (Francia). Es autor de los conocidos ensayos de la serie de los Altos Grados del Rito Escocés Antiguo y Aceptado: *Logia de Perfección, Capítulo Rosacruz, Príncipe del Tabernáculo* y *Príncipe Kadosh*, además de otros ensayos masónicos como *El Venerable Maestro* (en español y en catalán) y *El silencio masónico, Los Oficios de la logia, Manual de procedimientos operativos de logia* y *Las planchas masónicas*. Es también autor-compilador de los *Rituales Altos Grados del Rito Escocés Antiguo y Aceptado (Grados 4º-33º)*, obra de enorme difusión en todo el mundo de habla española.

LAS ARTES LIBERALES Y EL RITO ESCOCÉS ANTIGUO Y ACEPTADO

Josep-Lluís Domènech Gómez

Desde una aproximación histórica

Las Artes Liberales tienen una tradición profunda en la educación occidental; de hecho, se tiene que precisar desde buen principio, sus raíces ancestrales y la herencia cultural que emanan, como obsequio a la civilización y a la cultura. Y es imposible sustraerse, excluir, la suma importancia que tienen en el devenir del conocimiento hasta nuestros días.

El concepto o idea medieval que a primera vista nos presentan, quizás debería tomarse como una mera simplificación que nos permite adoptar ideas matrices para poder entender y concebirlas a partir de una incursión semántica hacia la antigüedad clásica localizada temporalmente, de forma restringida, en el momento de plenitud de las civilizaciones griega y romana (siglo V a. C. al II d. C.)

Pero es necesario no estancarse en esta época y avanzar el *crono,* como personificación primigenia del tiempo. De esta manera y forma, el término en sí converge a la sustantivación de una serie de conocimientos o pautas, inherentes a un referenciado abanico de *sapiencias* que podían conformar disciplinas académicas, oficios o profesiones, dentro de un mundo de *personas libres* diferenciadas a lo que era considerado como *artes serviles.*

Un hombre libre de la Edad Media no podía rebajarse a trabajar con sus manos. La idea de que la jerarquización social era una clasificación establecida por Dios estaba muy presente; en la cúspide de la pirámide estaban los *oratores* (los que rezan), personificados por el estamento eclesiástico; en segundo lugar, venían los *bellatores* (los que luchan) y, finalmente, los *laboratores* (los que trabajan), que mantenían con su trabajo a los otros dos estamentos.

A partir de este esquema quedaban perfiladas varias concreciones. Primero, la estricta estratificación del régimen feudal, que no ofrecía posibilidad alguna de cambiar de esfera o grupo social, puesto que la permeabilidad era nula. Y segundo que, en un primer momento, los miembros del segundo estamento, los *bellatores,* tampoco tenían acceso a las artes liberales, en cuanto que su oficio (principalmente, la guerra) se consideraba también un meramente arte bajo o servil. Por tanto, en un principio, los individuos que gozaban de la educación liberal eran los miembros de la Iglesia. Poco a poco, el privilegio se fue extendiendo a la nobleza, pero los miembros del tercer estamento (los *laboratores*) permanecieron excluidos y su acceso a las artes liberales siguió estando muy restringido hasta bien entrada la Ilustración.

A partir de aquí, concebimos las Artes Liberales en dos vías o caminos caracterizados pero aglutinadores del saber: El *Trívium* y el *Quadrivium*. El primero agrupaba las disciplinas relacionadas con la elocuencia: la gramática, la dialéctica y la retórica. Es decir, la esencia de: «la gramática ayuda a hablar, la dialéctica ayuda a buscar la verdad y la retórica colorea las palabras».

Y el segundo, aglutinaba reglas y normas alrededor de las matemáticas como la aritmética, geometría, astronomía y la música. Todo ello bajo el postulado: «la aritmética numera, la geometría pondera, la astronomía cultiva los astros, y la música canta».

La necesidad de la formación intelectual

Estamos acostumbrados a un modo de vida que poco tiene que ver con el que existía hace tres siglos, nuestra sociedad admite *per se,* nuestra formación desde la infancia. En la masonería, las siete artes liberales se consideran fundamentales para la formación y desarrollo de sus miembros. Los masones hemos adoptado a las siete artes liberales como parte de nuestra filosofía y simbolismo, y las usamos y aplicamos como herramientas para la formación personal y colectiva, en la búsqueda y el camino de la verdad y de la sabiduría.

Las artes liberales han sido un componente tradicional de la educación en occidente durante siglos. Aunque su enfoque ha variado a lo largo del tiempo, y estas disciplinas se han centrado desarrolladas, en enseñar habilidades y conocimientos fundamentales para la vida en la *ciudad*, en sociedad.

En la educación moderna, las artes liberales se enfocan en enseñar herramientas como la escritura, la lectura y el pensamiento crítico, la resolución de problemas y la comunicación efectiva. Y la Masonería, especialmente en su forma moderna (desde 1717), poco a poco a remolque del paso del tiempo y los avances de la civilización, ha tomado elementos de esta tradición para estructurar su propio sistema de conocimiento y enseñanza.

En sí, el concepto global de las Siete Artes Liberales proporciona un marco completo para el pensamiento crítico, desde la comprensión y la comunicación de ideas, hasta la evaluación y el análisis de la información en el mundo complicado del *aquí y ahora* que nos rodea en pleno siglo XXI. Al fomentar el pensamiento crítico, estas preparan a las personas para enfrentar los desafíos de la vida con una mente abierta, una actitud analítica y una capacidad para resolver problemas de manera creativa y efectiva, tanto en su devenir masónico como civil.

Sin embargo, la preparación con la que llegan a nuestras logias los nuevos iniciados en la actualidad es extraordinaria. Y una gran mayoría de ellos con titulación universitaria. Todo ello comporta, que la labor del Segundo Vigilante se pueda centrar en desarrollar toda la parte simbólica en la formación intelectual de los Aprendices, con una mayor dosis de efectividad comprensiva. Pero es necesario añadir que de manera continuada, las Artes Liberales sigan siendo tratadas para desarrollar el simbolismo iniciático que atesoran.

Las características específicas del Rito Escocés Antiguo y Aceptado

En la diversidad de ritos con los que la Francmasonería cuenta y dispone, el REAA contiene en su arca de saber masónico, unos elementos específicos que, desde el *atrévete a saber* de Kant se amoldan perfectamente dentro de un encasillamiento virtual dentro de las avenidas del saber, a partir de una diferenciación de unos postulados característicos de otros ritos, tendentes ellos en primar aspectos laicos y ajenos al entorno a veces místico y caballeresco del rito escocés. Este, encuentra su verdadero sentido en la potenciación de la naturaleza educativa de la Francmasonería, a la cual sirve mediante la sugerencia de ideas innovadoras especialmente significativas que lo caracterizan, pero con unas peculiaridades especificas distintas de otros ritos. Lo cierto y relevante es que el Rito Escocés tiene una inspiración caballeresca, y es el rito que ha sabido mejor amoldarse al inexorable paso del tiempo con un *aggior-namento* gradual y generoso que permite la continuidad armoniosa de sus rituales. Esta particularidad a lo largo de los años le permite en la actualidad ser uno de los ritos más practicados en todo el orbe.

Al abordar este rasgo característico que le permite llegar a estadios de sensibilidad mística en determinadas ocasiones y abordar a la vez el horizonte alquímico, en el momento de intentar ubicarlos en las Artes Liberales, tendemos siempre a llegar al Trívium. Sin embargo, el Quadrívium abraza también desde otros aspectos el Rito.

La sugerencia, recordémoslo, no el adoctrinamiento o la imposición. Se trata de despertar el pensamiento, mediante la evocación de los símbolos, de tal manera que ciertos valores pueden descubrirse a sí mismos, y ser descubiertos por todos los ciudadanos del mundo, como universales. El primer fruto de las enseñanzas masónicas es el amor a la Humanidad y de él se derivan tanto el reconocimiento de los *derechos humanos,* como la exigencia de los correlativos *deberes civiles.* Ambas cuestiones forman parte de aquello que, innegablemente, es *universal* y, por tanto, de cuanto se asocia por su propia naturaleza con la Francmasonería. Y por ello, ante tal afirmación en ningún momento, se aparta de un pensamiento único, global y permanente en los demás ritos.

La Masonería escocesa humanista es, una *escuela* en la que se transmiten más actitudes que aptitudes, en donde se da más importancia al impulso de la investigación que a la distribución del conocimiento y en el que se procura más el aprendizaje de cuanto ha sido experimentado por los demás, que la exteriorización de lo que uno sabe.

A mi entender, sin embargo, la esencia del Rito Escocés parte a partir de las emanaciones primarias de las Artes Liberales, principalmente desde dos de ellas: la dialéctica y la retórica, recapitulando lo anteriormente expresado: *la dialéctica ayuda a buscar la verdad y la retórica colorea las palabras.*

Todo ello no dejaba de ser un peldaño superior en el acceso al conocimiento, ya que a partir de la Gramática (estudios básicos y rudimentarios), aparecía la Lógica o Dialéctica que aparte de buscar con razonamiento la verdad, necesitaba de la Retórica en la que se aplicaba la destreza lingüística para argumentar y persuadir. Pero insisto, el Quadrivium tiene entrada también aquí ya con características similares a otros ritos.

Las ideas de un noble escocés: el Caballero Ramsay

Sin duda alguna cuando se aborda seriamente el estudio del Rito Escocés Antiguo y Aceptado, hay un momento que, indagando en los oscuros orígenes de este, llegamos a un embajador primerizo del rito, que sin podérselo pensar el mismo, puso las primeras piedra de linderos al nacimiento del rito.

LAS ARTES LIBERALES Y EL RITO ESCOCÉS ANTIGUO Y ACEPTADO

Andrew Michael Ramsay, Caballero Baronet en Escocia y Caballero de San Lázaro en Francia, era un escritor y un literato distinguido. Doctor Honorario en Derecho Civil de la Universidad de Oxford (1730) y miembro de la Royal Society (1729), con muchas lagunas históricas en su acaecer personal, que fue iniciado el 16 de marzo de 1730 en la Horn Lodge de Westminster en Londres, es el principal ejemplo del valor de las Artes Liberales, muy concretamente en el aspecto de la delicada Dialéctica y la floreada Retorica.

Su nombre ha pasado a la posteridad por ser uno de los masones más ilustres y renombrados y por haber sido el primero que rompió la tradicional unidad del primitivo simbolismo masónico, para establecer, posiblemente, las futuras bases de los Altos Grados del REAA.

Amparándose en las serias dudas en cuanto al origen escocés de la corriente masónica que albergó en Francia a los precursores del REAA, ya que la teoría que relaciona los comienzos remotos de la Francmasonería con la Orden del Temple en el siglo XIV carece de solidez y rigor histórico, Ramsay quiso brindar a la Masonería un linaje que atrajera a los nobles y burgueses franceses.

Como que se daba la circunstancia de que existía la imagen romántica de la Orden del Temple con un ideal caballeresco en su imaginario, las especulaciones de Ramsay de que los templos masónicos eran un adalid filosófico con una versión optimista de libertad, fraternidad y refinamiento entre sus miembros, fue la clave de su implantación definitiva.

Su juventud, la dedicó al estudio de las religiones influenciado por su madre Susana, de ascendencia noble, era una Erskine ligada a la nobleza al pertenecer a la rama familiar del Señorío de Dun. Todo ello a raíz de la particularidad que su padre era calvinista y ella episcopaliana.

En una fecha inexacta entre 1724 y 1728, propuso a la Gran Logia Inglaterra un sistema que comprendía la adopción de los grados de Escocés, Novicio y Caballero del Templo en sustitución de los de Aprendiz, Compañero y Maestro. La propuesta que fue rechazada en Inglaterra tuvo gran aceptación en Francia posteriormente como grados añadidos a los tres primeros. Estos grados fueron los precursores de la infinidad de sistemas de todo género que se sucedieron después. Pero sin duda alguna, el dato incisivo y peculiar nos viene desde el momento en que, en el texto leído como Gran Orador en la logia de Saint-Thomas en Paris, Ramsay hace alusión de la intervención en las guerras santas en Palestina de príncipes, señores y artistas que hicieron el voto de restablecer los templos cristianos en Tierra Santa. Y menciona el juramento de estos nobles de establecer mediante su ciencia y bienes patrimoniales, el restituir la arquitectura con los signos antiguos y las palabras misteriosas de Salomón, para distinguirse de los infieles y reconocerse mutuamente, uniéndose a los Caballeros de San Juan de Jerusalén.

Desde entonces y hasta nuestros días, nuestras logias llevaran el nombre de *Logias de San Juan* en todos los países. Esta unión se hizo imitando a los israelitas cuando volvieron a reconstruir el segundo templo. Mientras que unos manejaban la paleta y el compás, los otros los defendían con el escudo y la espada en una alusión clara al grado 15º del REAA.

La importancia fundamental de dos discursos

Ramsay aprovechó su calidad de Orador de la logia parisina, para alimentar una sana condición de orgullo iniciático en los recién llegados a la Orden con dos sublimes discursos.

Los dos discursos de Ramsay, en 1736 y 1737 contienen un alto patrimonio histórico fundacional de referencia para el Rito Escocés Antiguo y Aceptado con un sustrato importante de conceptos éticos del pensamiento ilustrado de la época:

El discurso tiene a mi juicio un valor fundacional para el REAA equivalente al que tienen las Constituciones de Anderson para la Masonería Simbólica o de Oficio (*The Craft*) ... en definitiva se trata de dotar al Rito Escocés de unos antecedentes históricos prestigiosos.

Sin embargo, Ramsay dicta con habilidad, no uno sino dos discursos escritos y paralelos para dos audiencias diferenciadas: ... En el primer texto se dirige a católicos jacobitas y en el segundo, habla como Gran Orador en la Gran Logia, con sensibilidad de la Casa de Hannover. Pasa de platicar de una visión cercana al Antiguo Testamento y las Cruzadas a un punto de vista totalmente secular de la Orden. Destacan notablemente las ideas del valor de las instituciones universales, el compartir una visión de colectividad común más allá de las diferencias de civilización, éticas, culturales y étnicas, benevolencia a los derechos humanos y acercamiento a las bellas artes, la cultura, la ciencia, la justicia social y la cooperación entre los pueblos de la tierra.

Ramsay define con perfección a la masonería en su universalidad: «El mundo entero es una gran Republica», y en sus objetivos: «La formación de los hombres». Y cuando habla a la logia expresa que a los Aprendices se les explica *«las virtudes morales»*, a los Compañeros *«las virtudes heroicas»* y a los Maestros *«las virtudes cristianas»*.

Como corolario al papel de Ramsay en la gestación de los Altos Grados escoceses, tenemos un segmento de la acepción Ramsay en el Diccionario Enciclopédico de la Masonería de Frau Abrines:

El Barón Ramsay creyó que podía encontrar en la Masonería uno de los auxiliares más poderosos y seguros para la consecución de sus fines. Para ello era necesario rodearse de partidarios idóneos y decididos... nada mejor para conseguirlo que ir atrayendo prudentemente a todos aquellos hermanos recién iniciados que creyera útiles, otorgándoles el título de Maestros Elegidos.

Su habilidad manifiesta como Gran Orador en la recepción de recién iniciados queda fehacientemente reflejada en el discurso pronunciado en la Recepción de los Francmasones de 1737:

> Señores, el noble entusiasmo que ustedes demuestran para ingresar en la Antigua y Muy Ilustre Orden de los francmasones es una prueba evidente de que ya poseen todas las cualidades necesarias para formar parte de ella. Estas cualidades son la filantropía prudente, la moral para el secreto inviolable y el gusto por las bellas artes.

Sin embargo, hay que contextualizar la actitud de Ramsay e interpretar en su idea, es decir, el paso de una masonería protestante cercana a los masones operativos a una masonería católica y esotérica.

Nacido de padre calvinista y de madre anglicana como hemos dicho, recibió el bautismo de Fenelon en Cambray. A partir de entonces, se convirtió en uno de los primeros propagadores de la Orden en Francia y no cesó de buscar la protección de los príncipes de la iglesia francesa. En una carta al cardenal de Fleurie en 1737, intenta acercar la Masonería a la Iglesia Católica:

> Estoy persuadido de que, si se dejara deslizar a la cabeza de estas asambleas, gentes sabias y de buena conducta escogidas por Su Eminencia, podrían llegar a ser muy útiles a la religión, al estado y a las letras.

Sin embargo, De Fleurie, ministro de Luis XV impidió a Ramsay leer su discurso delante de la Alta Asamblea, imposibilitando sus deseos de desarrollar una masonería católica universal. Todas estas realidades históricas de la vida de Ramsay no dejan de ser puntales directos del buen uso de la retórica por su parte. Ya que esta queda solidificada por los rotundos postulados de su práctica, de la *ciencia del discurso* con *finalidad persuasiva* y teniendo como objeto asuntos generales. Si nos dedicamos a profundizar en las características que configuran la habilidad del discurso, llegamos a la *inventio*, la *dispositivo* y la *elocutio*. Es decir, hallazgo, preparación discursiva y el uso del exordio buscando el auditorio benévolo, atento, dócil en búsqueda de granjear simpatías y afinidades.

¿Podemos hoy en día dudar de la habilidad de Ramsay en este aspecto? ¿Es posible en pleno siglo XXI no admitir el éxito de la progresión del Rito Escocés Antiguo y Aceptado a partir de esas premisas?

El REAA en el camino iniciático de las Artes Liberales

Partiendo de la base que la Francmasonería es una sociedad iniciática que se fundamenta en mitos, que usa símbolos y practica ritos[1], esta situación

---

[1] Étienne, B. (2002). *L'initiation*. Éditions Dervy.

nos permite llegar a la idea de que el rito constituye el elemento central y la estructura básica del método de trabajo que utiliza la Francmasonería, tanto por concepción primigenia como por realidad. De aquí la existencia de los variados ritos masónicos.

En todos los ritos interactúan siempre los tres sistemas propios de la vida humana: el simbólico, el mítico y el social. El mito, juntamente con el proceso continuado de la iniciación, el rito, el símbolo y el sistema social, constituyen los cinco elementos básicos del Paradigma Masónico.[2]

El REAA se configura *per se* a partir de una amalgama de principios que conformaban un rito que se practicaba en Francia fundamentalmente en las logias parisinas y de Burdeos a mediados del siglo XVIII.

Así pues, el rito escocés no nace en Escocia, su antigüedad podría decirse que data como mínimo de 1786 y dentro de un obscuro proceso no probado históricamente, emana de unas denominadas Constituciones de Federico II, cuyo origen podría ser fruto de la evolución producida dentro de un sistema escocés practicado en Paris a principios de la década de 1760.

Adoptando un reduccionismo histórico a partir de 1750 aparece el Rito Escocés filosófico de la *Logia Madre de Marsella* de 18 grados y a continuación el *Rito de Heredom o de Perfección* compuesto por el *Consejo de Emperadores de Oriente y Occidente* (Paris 1758) para llegar hasta la denominada época de la famosa *Patente Morin*, que vino a significar el camino a las Antillas para finalizar en Charleston en donde los 25 grados se convierten en 33 de la mano de Francken, apareciendo ya el primer Supremo Consejo del Rito Escocés Antiguo y Aceptado.

En la gran parte de los países de todo el mundo, el REAA ha causado siempre gran entusiasmo y admiración por ser este un Rito donde se combinan los elementos simbólicos más tradicionales, con una dinámica de funcionamiento ciertamente expresiva que permite desarrollar junto a un profundo sentido de fraternidad, un agudo sentido del análisis entre lo místico y lo racional que invita a enfocar la vida con criterios donde la espiritualidad y la coherencia de la racionalidad se complementan extraordinariamente.

En las Logias que utilizan el REAA se representan simbólicamente las Leyes que rigen el universo y sus trabajos se realizan fundamentalmente en dos líneas que se complementan como los brazos de un mismo cuerpo.

La evolución del rito y su estructura jerárquica que evolucionó a lo largo del tiempo con 33 grados cada uno con su propia leyenda y ritual, sustancian un versátil ejemplo de la sustancia del sentido académico que emana de las Artes Liberales primigenias de las que brota su énfasis, en el estudio de la filosofía y la moral de las iniciales esencias del inicial *Trívium*.

---

[2] Kuhn, T. S. (2011). *La estructura de las revoluciones científicas*. Fondo de Cultura Económica.

Pero, el camino abierto en el Quadrivíum, el REAA también sustancia elementos a tener en cuenta de la mano del simbolismo universal masónico. Más allá de los preceptos y estudios místicos o racionales, el rito no deja de sustraerse también en la Aritmética (simbología numérica) y la Geometría (simbología de la arqueología de las logias y trazado y burilado de textos de la mano de la Escuadra y el Compás).

Así pues, si nos preguntamos cuál es la importancia de estudiar las Siete Artes liberales en la actualidad (pleno siglo XXI) para la formación masónica, debemos necesariamente llegar a la conclusión de que independientemente de la capacitación formativa actual con que se llega a la masonería, proporcionan una sólida base simbólica e iniciática, que ayuda a los recién llegados al inicio del camino comprensivo de los símbolos aun no conocidos, permitiéndonos apreciar la belleza del nuevo camino a realizar.

La esencia de los mitos de los Altos Grados Escoceses

Tres temáticas entran de lleno en la esencia del contenido mitológico escocés que son primordiales para el rito, pero también en poder definir el impacto de las Artes Liberales en el mismo: *La Leyenda de Hiram, el Templo de Salomón y los lazos ineludibles con la romántica caballeresca.*

Porque hay que tener en cuenta que ya desde 1740 tanto la Leyenda de Hiram y el papel o rol de los Templarios en Escocia, eran dos estructuras o pilares que dominaban el espíritu de los masones escoceses.

El nuevo encaje que se le da al mito del Maestro Hiram no deja de ser el *Maestro Perfecto*, con el arquetipo de todas las virtudes humanas que, por negarse a revelar un secreto, se sacrifica hasta la muerte, con un estricto sentido del deber, la negación a doblegarse ante la impostura, se presenta ante el mundo la masonería caballeresca como un modelo de sentido de vida. Es decir, el mito masónico absoluto.

La concepción del Templo de Salomón se conforma como una imagen fantasmal y simbólica del templo o taller ideal de la perfección. Para los masones escoceses, Salomón y el Templo desempeñan un rol importante en la escala de grados, considerados como grados salomónicos. Y para cerrar el círculo virtuoso tenemos la esencia templaria conformando la dinámica caballeresca que envuelve al rito.

Gracias a estos mitos y a todo el ensamblaje del rito, con sus leyendas específicas de cada grado llegamos a la visión panorámica de los grandes arquetipos que conforman una amalgama sustantivada en el sentido del deber, la contemplación de la venganza, la búsqueda de la justicia, la concepción del amor, la certitud de la equidad, la visión y contemplación del poder, el hecho histórico-religioso, que facilitan en un *totum revolutum*, a que el

REAA se nos presente como un *imago mundi* que nos muestra la realidad de la violencia y de la guerra, pero que sin embargo, permite la estructuración del iniciado masón a saber luchar con empeño contra la adversidad.

Todo ello no deja de conformarse como un *empirismo sabio y docto* que concilia un idealismo moral que reagrupa con destreza el idealismo de la perfección y el camino inexorable en pos de la Verdad y de la Justicia. Se trata de la perenne obligación del masón o masona que practica el REAA de no quejarse y arroparse en la desgracia en las ruinas del templo. Ya que los Escoceses, los masones escoceses, tienen por misión la reconstrucción del Templo, del Templo de Salomón.

La diversidad del universalismo del REAA como exponente de las Artes Liberales

Como corolario peculiar de la esencia del Rito Escocés Antiguo y Aceptado con su manera de adaptarse y a partir de ellas expresar su propia identidad diferenciada, no cabe, sino que repasar a vuelapluma la diversidad del universalismo del rito.

Y nos queda el sutil esquema que ya en su día, -aun sin pensar en su valor el mismo– Ramsay diseñó. Con cuatro diversidades universales que se enmarcan en los postulados de la esencia particular de las Artes Liberales. Que no es otra cosa que una vez adquiridos una serie de conocimientos, saber y poder ponerlos en la práctica: composición de discursos, conocimientos matemáticos aplicados a la simbología iniciática, emancipación intelectual y la eterna posibilidad de entender la armonía y el orden del Universo, para poder reflexionar sobre nuestro lugar en el mismo. Es pues, si no, el perfecto entrelazado para poder barnizar de saber el espíritu del Escocismo en su fascinante recorrido a través de las centurias transcurridas.

En primer lugar, se vislumbra el *universalismo filosófico* que engloba el saber entroncar mediante la progresión masónica las diferencias nacionales que nos podamos encontrar, para recentrarlas en la comprensión de las expresiones socioculturales. El amor a la Humanidad en general, condensado en la esencia del grado Rosacruz. Un universalismo que engarza los valores de la comprensión de la diversidad de culturas.

El enfoque inexorable del *universalismo moral y espiritual*, que parte del buen hacer de un sentido filantrópico y humanista revestido de una sana moral y la incesante búsqueda de las benéficas virtudes. Y también los participios de un nacionalismo global universal, que sea la patria única de hombre de buena voluntad, como comunidad imaginaria a tener siempre en cuenta.

Además de la mano de un *universalismo sociocultural*, a la vez religioso, lingüístico, artístico y científico, el Escocismo se permite indagar la verdad recorriendo aspectos de una plausible religión natural y universal que contenga el espíritu y la luz de un dios único y aglutinador (El Gran Arquitecto del Universo).

Para llegar finalmente a un *universalismo lingüístico*, en aquellos tiempos idea innovadora que exploraba ya una lengua única (los signos) que dejara atrás de una vez por todas, el espíritu antiguo y desfasado de la Torre de Babel. Es decir, un lenguaje único y mudo pero a la vez expresivo y elocuente, pero un lenguaje secreto conocido únicamente por los iniciados.

Así pues, estudiar las Siete Artes Liberales desde la perspectiva del Escocismo, en la actualidad, nos brinda una base sólida para enfrentar los desafíos de un mundo cada vez más complejo y cambiante. Nos ayuda a desarrollar habilidades de pensamiento crítico, de análisis y comunicación, que son esenciales en cualquier campo profesional. Además, nos permite apreciar la belleza y el orden presentes en el conocimiento y en el universo que nos rodea.

La visión escocista de las Siete Artes Liberales proporciona a quien sabe leerla e interpretarlas debidamente, las herramientas necesarias para comprender y enfrentar el mundo cambiante de hoy, de manera más profunda y significativa. Nos invita a explorar la naturaleza de la realidad, a cuestionar nuestras creencias y a expandir nuestro entendimiento del mundo y de nosotros mismos.

OBRAS RECOMENDADAS

Alfonso Marcuello es profesor de Filosofía de Bachillerato. Máster en Ciencias de las Religiones por la Universidad Complutense de Madrid y Postgrado en Simbología por la Universidad de Barcelona. Estudioso de la tradición esotérica e iniciática occidental y de las filosofías orientales. Maestro masón, fue iniciado en una logia del R.E.A.A. y ha trabajado también el R.E.R. y la masonería egipcia. Como autor, ha colaborado en la revista *Cultura Masónica* con varios artículos: «El grado masónico de Caballero del Sol: simbolismo y práctica alquímica» (n.º 37); «Una perspectiva masónica sobre el arte sagrado: Angkor Wat» (n.º 35); «La alienación del ser humano en el marxismo y en la masonería» (n.º 34); «René Guénon: masonería y tradición» (n.º 24 y 30); «Louis-Claude de Saint-Martin: ¿francmasón y martinista?» (n.º 23). Ha traducido también dos obras publicadas por MASONICA de las llamadas «filosofías del despertar»: *Práctica de las vías del despertar*, de Alain Blandin y *La francmasonería como vía del despertar*, de Rémi Boyer.

LA ARITMÉTICA Y LA GEOMETRÍA PITAGÓRICAS

Y SU RELACIÓN CON LA MASONERÍA

Alfonso Marcuello

«No entre nadie que no conozca la geometría».

(La tradición dice que esta frase estaba grabada a la entrada de la Academia de Platón)

Cuando en el siglo IX el monje inglés Alcuino desarrolla el programa de enseñanza de las escuelas del Imperio Carolingio, estructurándolas en el *trivium* (triple vía que expresa el poder de la lengua: gramática, dialéctica y retórica) y el *quadrivium* (cuádruple vía que expresa el poder de los números: aritmética, geometría, música, astronomía), estas disciplinas –que acabarán denominándose artes liberales– ya hace tiempo que constituyen el corpus del saber fundamental del Occidente europeo. Beda el Venerable (siglo VIII), Isidoro de Sevilla (siglo VII), Casiodoro (siglo VI) y Boecio (siglo V) han transmitido a la Edad Media cristiana los conocimientos agrupados bajo estas denominaciones -parece ser que fue Boecio el primero en utilizar el término *quadrivium* en su obra *La institución aritmética* (hacia 505-507), mientras que Casiodoro hacía lo mismo con el término *trívium* en su obra *Las instituciones divinas y humanas* (560-580)–. Estos conocimientos pueden rastrearse hasta la época final del mundo antiguo, en la que autores como Porfirio (siglo IV) y Agustín de Hipona (siglo V) hacen de recopiladores de un legado que se ha ido forjando en distintos momentos de la civilización greco-latina.

LA ARITMÉTICA Y LA GEOMETRÍA PITAGÓRICAS
Y SU RELACIÓN CON LA MASONERÍA

De una forma muy gráfica, el escritor romano Marciano Capela (360-428) en su obra *Las nupcias de Mercurio con Filología*, considerada la gran enciclopedia de la antigüedad pagana, proporciona una personificación alegórica de estas llamadas *artes liberales* al presentar al dios Mercurio ofreciendo a Filología siete regalos: Gramática, una mujer cuyo atributo es una caja con pluma y tintero; Dialéctica, que sostiene en la mano izquierda una serpiente enroscada y en la mano derecha una tablilla de cera con fórmulas lingüísticas escritas en rojo; Retórica, bella mujer con un cinturón incrustado de joyas; Geometría, con una escuadra y un compás en las manos; Aritmética, que aparece haciendo cuentas; Astronomía, que se presenta como siendo originaria de Egipto y rindiendo homenaje a las obras de Eratóstenes, Ptolomeo e Hiparco; finalmente Armonía, que presenta el arte y el poder de la música.

Alegorías de la Aritmética
y de la Geometría en la obra
de Marciano Capela (*hacia 410-439*)

En este artículo voy a limitarme a destacar algunas nociones de dos de estas artes liberales, la aritmética y la geometría, que se originan y configuran en la tradición pitagórica, para posteriormente subrayar su importancia en la corriente esotérica que culmina en la masonería moderna.

Aritmética y Geometría en el pitagorismo

Según la Biblia (Sabiduría, XI, 21) es Dios mismo quien *«todo ha dispuesto en medida, número y peso.»*, es decir, utilizando el poder y la sabiduría del número y la forma para que el mundo pueda aparecer y mostrar lo que no es de este mundo pero que es un reflejo armónico de ello. En la cultura griega va a ser el pitagorismo, un cuerpo de doctrinas complejo, que incluye ideas sobre los dioses, la legislación y la política, así como una propuesta de vida ascética y espiritual, el que introduzca en el estudio de la naturaleza la armonía cósmica en la cual el número y la forma tienen un papel preponderante. Jámblico cuenta en su *Vida de Pitágoras* que fue Orfeo el que enseñó a Pitágoras cómo conocer a la divinidad mediante el número, cuando le reveló que «la esencia eterna del número es el principio que mejor permite acceder al aprendizaje providente de todo el firmamento, la tierra y la naturaleza intermedia, y también es raíz de permanencia de hombres divinos, dioses y démones».[1]

---

[1] Jámblico, *Vida de Pitágoras*, 146.

LA ARITMÉTICA Y LA GEOMETRÍA PITAGÓRICAS
Y SU RELACIÓN CON LA MASONERÍA

Es necesario recordar que para el pitagorismo, número y forma, aritmética y geometría, no son en definitiva sino una misma ciencia, pues la forma surge de un ensamblaje de puntos, asimilados a números, que engendran por crecimiento las figuras poligonales básicas en relación con dichos números. Por eso Aristóteles dice en su *Metafísica* que «los llamados pitagóricos creían que los números eran los principios materiales de las cosas»[2] y que «los elementos del número serían para los pitagóricos lo par y lo impar, siendo el primero ilimitado y el segundo limitado, y se coordinarían por el principio de la armonía. Gracias a ésta se irían combinando en magnitudes espaciales, dando lugar a nuestra realidad».[3]

El autor por excelencia de la aritmología pitagórica es Nicómaco de Gerasa, que vivió en el siglo I de nuestra era y estudió probablemente en Alejandría. Nos han llegado completas dos de sus obras: un *Manual de Armonía* y una *Introducción a la Aritmética*. También se conserva gran parte de su obra *Teologúmenos Aritméticos* (Aritmología o Mística del número) en una compilación debida a Jámblico (siglo IV), autor de la famosa *Vida de Pitágoras*. El análisis numerológico que sigue a continuación –y que considera los términos sucesivos de la década, llevando a cabo un estudio de las propiedades de cada número– está sacado de esta última obra.

Comenzando con la unidad, o mónada, hay que decir que para los pitagóricos no es, en realidad, un número, hablando con propiedad. Podría decirse que es la raíz irreductible de todo número, pues es el Todo universal, el primer principio creador, el Ser inmutable y eterno. Autosuficiente, es llamada Dios, «intelecto» o «andrógino». Es la matriz de todos los números. Esta unidad suprema produce el número cuando se descompone en subunidades, a las que transmite su principio de individualidad. Así, todo el universo está contenido en la unidad. En el orden moral corresponde a la sabiduría, el orden, la concordia.

Cuando el Absoluto sin número, el cero metafísico, pasa a la manifestación, toma conciencia de su existencia en tanto que Ser y se convierte en la unidad suprema pero, paradójicamente, para realizar su individualidad debe diferenciarse en partes. Aparece entonces el binario, la dualidad –el dos– como consecuencia inmediata de la realización individual. Así podría decirse que la distinción binaria es el resultado del principio de unidad obrando en el mundo. Todas las manifestaciones cósmicas se basan en la diferenciación por polaridad binaria, siendo el amor y la lucha los dos aspectos de la ley del mundo manifestado[4]. Esta díada es la causa última de todo cambio,

---

[2] Aristóteles, *Metafísica* A 5, 986 a 15.
[3] Op. cit. M 6, 1080 b 16.
[4] Empédocles: el Amor y el Odio; Heráclito: la lucha, el conflicto.

el principio de la divisibilidad y de la multiplicidad. Es la «naturaleza», como cada cosa que procede de un germen original. Es Rea, por oposición a la mónada-Zeus.

Pero la dualidad no es absoluta, permanece contenida en la unidad y los polos de dicha dualidad no impiden la síntesis. De esta forma, el ternario o tríada –el tres– es a su vez el complemento necesario de la diferenciación universal. Frente al número dos –principio de diferenciación– aparece el número tres –principio de acción–. Por eso los pitagóricos hablan del tres como del primer número, pues es la unidad perfectamente manifestada, es decir, la unidad –el uno– se manifiesta o despliega como tríada –el tres–: dos formas extremas diferenciadas y un punto intermedio. El ternario expresa, por lo tanto, el desarrollo de la unidad y el retorno a la unidad. Recibe los nombres de «paz» y de «armonía» porque une los contrarios.

Para los pitagóricos, la terna 1, 2, 3 goza de propiedades que no tienen los números siguientes y son, por lo tanto, la base de todo el sistema numérico. Especial importancia tiene también la distinción entre números pares e impares, que se remonta sin duda al mismo Pitágoras y que es la base de toda su metafísica del número. Pares e impares se suceden alternativamente en la serie sucesiva de los números; los pares tienen su principio en el dos y pueden definirse como aquellos números que se pueden dividir en partes iguales o desiguales, partes que son pares o impares; mientras que los números impares, que tienen su principio en el tres, solo pueden dividirse en dos partes desiguales, de las cuales una es par y la otra impar.

Toda la tradición pitagórica (y también la masónica) está de acuerdo en el reconocimiento del carácter sagrado de los números impares y sobre todo del número tres como primer número impar. Era considerado como un número perfecto, de ahí la frase popular: *«omne trinun est perfectum»* o como diríamos nosotros: «no hay dos sin tres». El mismo Platón comienza su diálogo más pitagórico, el Timeo, con las palabras *«Uno, dos, tres.»* En este sentido, puede afirmarse que el número impar es completo, acabado, inalterable; pertenece al orden eterno, mientras que el par está sometido al tiempo. Los impares corresponden al límite y los pares a lo ilimitado. A esta oposición impar-par corresponden otras oposiciones consideradas fundamentales por los pitagóricos: límite, ilimitado; unidad, multiplicidad; derecha, izquierda; macho, hembra; quietud, movimiento; recta, curva; luz, tinieblas; bien, mal. De esta forma el número impar se asociaba al límite, a la unidad, la derecha, el macho, la quietud, la recta, la luz y el bien. El número par, por su parte, se asociaba a los elementos contrarios. En relación con esto es importante destacar que los tres primeros números impares (y también números primos), es decir, el tres, el cinco y el siete, son los números sagrados para el Aprendiz, el Compañero y el Maestro masón, lo cual constituye una prueba más del carácter pitagórico de la masonería.

Siguiendo con el análisis pitagórico de los números a partir del tres, y hasta el diez -la aritmología se limita casi siempre a la consideración de los diez primeros números, cuyo simbolismo comprende el desarrollo entero del universo manifestado– nos encontramos con el cuatro, que es el primer número cuadrado (después de la unidad). El cuaternario, la tétrada, es el principio de la naturaleza y de la corporeidad (cuatro elementos, cuatro puntos cardinales, cuatro estaciones). En geometría se asocia al cuadrado, que es la forma ideal de la materialidad, y a la cruz, que representa las cualidades de las cosas materiales. También al tetraedro, primer sólido y emblema de la estabilidad. Se asimila a la justicia a causa de la igualdad entre el perímetro y la superficie de un cuadrado de lado cuatro. Tiene siempre el sentido de solidez, firmeza, cumplimiento y realización.

El quinario o péntada, número cinco, suma del primer número par y del primer número impar, corresponde al medio de la década y por lo tanto al centro, al equilibrio armonioso y también a la justicia. Es signo de unión del principio celeste y del principio terrestre (número nupcial). Lleva el nombre de Némesis o providencia y liga un número masculino a uno femenino, reconstituyendo la naturaleza completa del ser andrógino (en este sentido es símbolo del hombre o microcosmos, del cual representa los cinco sentidos). Es también la suma de cuatro y uno, que corresponde a la materia coronada por el espíritu y está en relación con las cinco formas sensibles de la materia, es decir, con la totalidad del mundo sensible. En geometría su imagen gráfica es el pentalfa o pentagrama (pentágono estrellado), símbolo del amor y la belleza, del equilibrio en la salud del cuerpo humano, que refleja el alma y la vida universal. Constituía la contraseña secreta de la sociedad pitagórica.

El senario, la héxada, número seis, es un número perfecto (son perfectos los números que son iguales a la suma de sus divisores: 1+2+3=6) que resulta de la multiplicación del dos, el principio femenino, por el primer número impar, el tres, masculino. Fue llamado *gamos* (unión íntima, matrimonio) y era el número sagrado de Afrodita para los pitagóricos. Es el número de los dones recíprocos y de los antagonismos. Esta perfección del seis se expresa en el simbolismo gráfico de seis triángulos equiláteros inscritos en un círculo: cada lado de cada triángulo equivale al radio del círculo. Su imagen gráfica en geometría es el hexagrama, figura hecha de dos triángulos equiláteros superpuestos, uno con la punta hacia arriba y el otro hacia abajo, de modo que el conjunto constituye una estrella de seis puntas: en este sentido simboliza el macrocosmos. Está en relación con Hécate y un largo pasaje de los Teologúmenos analiza su papel y el de sus múltiplos en la generación del embrión y la duración de los ciclos de transmigración.

LA ARITMÉTICA Y LA GEOMETRÍA PITAGÓRICAS Y SU RELACIÓN CON LA MASONERÍA

El septenario, la héptada, número siete, gobierna la estructura y la vida de los fenómenos naturales en el hombre y en el Cosmos. Es un número indivisible, no ha sido engendrado por elementos pares ni impares y gracias a él muchas realidades alcanzan su plenitud en el universo. Es por ello que simboliza un ciclo completo, una perfección dinámica, el sentido de un cambio después de un ciclo consumado y de una renovación. Se le llama por eso *kairós* (momento justo) y fortuna. Es el número de Apolo, cuyas ceremonias se celebraban el séptimo día del mes. Aparece en muchas leyendas griegas: las siete Hespérides, las siete puertas de Tebas, los siete hijos y las siete hijas de Niobe. También se encuentra expresado de forma geométrica en el hexagrama si se le añade el centro. De la misma forma, las seis direcciones del espacio tienen un punto central que da el número siete, que simboliza así la totalidad del espacio y del tiempo. Asociado el número cuatro –la tierra– y el número tres –el cielo– representa la totalidad del universo en movimiento.

El octonario, la odgóada, número ocho, es el primer cubo, raíz de las relaciones musicales, por lo que tiene el nombre de Armonía. Número de la justicia y del equilibrio cósmico alcanzado después del dinamismo evolutivo del número siete. Su imagen geométrica, el octógono, simboliza la mediación entre el cuadrado y el círculo, es decir, entre la tierra y el cielo.

El novenario, la enéada, número nueve, al ser la última entidad numérica distinta antes de la reabsorción definitiva de la serie de los números en la década, engloba todas las cosas, de ahí su nombre de Océano. Es el cuadrado de tres y, por este motivo, un número perfecto. Es a la vez el último número simple y el más complejo, el que marca el pleno desarrollo de la serie numérica. Es el último número de un dígito y el último de la cuaterna de los números compuestos contenidos dentro de la década: 4, 6, 8, 9. (Estos cuatro números han sido considerados una segunda tetraktys (4+6+8+9=27, que es el cubo de tres, otro número perfecto).[5] Puede considerarse el símbolo de la multiplicidad que retorna a la unidad.

El denario, la década, número diez, finalmente, resume, sintetiza y perfecciona todas las cosas en el universo. Es el complemento de la unidad, de la que representa la expansión última y la reabsorción de todos los elementos intermedios. Es llamada todo, destino o necesidad. Es la perfección, el acabamiento de la manifestación universal y contiene el conjunto, la totalidad. El número diez está representado en griego por la letra delta, que tiene la forma de un triángulo equilátero, con lo que se asocia al tres –triángulo– y al cuatro –tetraktys–. Es a la vez un número lineal, triangular y tetraédrico, lo que lo convierte en una especie de irradiación de la unidad. Para los pitagóricos era el más sagrado de los números, símbolo de la creación universal.

---

[5] Arturo Reghini, *El numero sagrado*, Barcelona, Obelisco, 2018, pp 72 y ss.

LA ARITMÉTICA Y LA GEOMETRÍA PITAGÓRICAS Y SU RELACIÓN CON LA MASONERÍA

Sobre este número, en la forma de la tetraktys (1+2+3+4=10), prestaban juramento evocándolo de esta forma: «La tetraktys en la que se encuentra la fuente y la raíz de la eterna naturaleza.»[6]

Antes hemos dicho que los pitagóricos entendían los números como constituidos por puntos dispuestos de diferentes formas. La unidad fue representada por el punto:

*

El dos por los dos puntos extremos de una recta:

————

El tres, por los tres puntos que forman los vértices de un triángulo (equilátero):

Por eso el número tres es un triángulo o número triangular (es el segundo número triangular, al considerarse la mónada potencialmente triangular): resultado de la unión de la mónada y de la díada, es decir, su síntesis.

El número cuatro, a su vez, admite la siguiente representación plana:

Es por lo tanto un cuadrado, que no es sino un número en forma de rectángulo cuyos lados contienen un número igual de puntos. Pero puede ser también una cruz, con los cuatro puntos unidos por dos rectas perpendiculares:

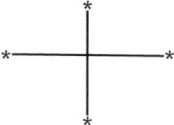

A diferencia del número tres, el número cuatro también admite una representación geométrica espacial: es la pirámide regular de base triangular, llamada tetraedro por los griegos:

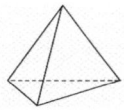

---

[6] Jamblico, *Vida pitagórica*, en David Hernández de la Fuente, Vidas de Pitágoras, Girona, Atalanta, 2014, p– 249 y ss.

LA ARITMÉTICA Y LA GEOMETRÍA PITAGÓRICAS
Y SU RELACIÓN CON LA MASONERÍA

Y así puede continuarse con el resto de los números, pues existen infinitos desarrollos superficiales y sólidos del número. El número cinco, por ejemplo, puede representarse en el plano mediante los cinco vértices de un pentágono o como una cruz con su centro, pero también en el espacio por medio de una pirámide de base cuadrada o en forma de estrella de cinco puntas, el pentalfa o pentagrama, considerado sagrado por los pitagóricos como hemos dicho antes y que tiene la misma forma que la estrella flamígera de la masonería, símbolo central del segundo grado de esta orden iniciática.

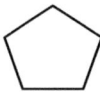 

Pero volvamos al número cuatro, pues para los pitagóricos se trata de un número perfecto que marca un hecho significativo en el desarrollo aritmético: es el último número que se obtiene pasando del punto a la línea, de ésta al plano y después al espacio, ya que no puede representarse un quinto punto fuera del espacio definido por los cuatro vértices del tetraedro. Así, el punto (el uno), la línea (el dos), la superficie (el tres) y el volumen (el cuatro) abarcan la totalidad material y no se puede ir más allá. De la misma manera la suma:

$$1+2+3+4=10$$

Es decir, el conjunto cuaternario de la unidad, la dualidad, la trinidad y la tétrada, esto es, la década, es perfecta y contiene el todo. A este conjunto de cuatro cosas los pitagóricos lo llamaban tetraktys. Así pues, la perfección es alcanzada con el número diez, que termina la manifestación universal.

La tetraktys se representa geométricamente de la siguiente manera:

Como puede apreciarse, este número está compuesto por diez puntos dispuestos en cuatro filas que contienen respectivamente uno, dos, tres y cuatro puntos. Se trata del cuarto número triangular, es decir, la década –número 10– que expresa igualmente la suma de 1+2+3+4=10. En esta forma esquemática de triángulo equilátero, la tetraktys, coincide con la forma del delta masónico.

LA ARITMÉTICA Y LA GEOMETRÍA PITAGÓRICAS Y SU RELACIÓN CON LA MASONERÍA

Símbolos aritmético-geométricos en la masonería

Veamos ahora cómo el número y la forma, la aritmética y la geometría pitagórica, han influido de forma decisiva en la masonería y en algunos de sus símbolos. Vamos a elegir dos números: 3 y 5, números sagrados del Aprendiz y del Compañero y dos formas: el delta masónico y la estrella flamígera, símbolos clave de estos dos grados. Todos ellos son elementos fundamentales de la masonería y la prueba de que el pitagorismo es esencial para entender esta organización iniciática.

En los más antiguos textos masónicos conservados (*Old Charges*) se mencionan estas dos ciencias y se destaca su importancia. Respecto a la Aritmética, no obstante, hay que decir que ya Nicómaco de Gerasa distinguía entre el mero cálculo numérico y la Aritmología o mística del número, que se ocupa del número puro. Es esta última ciencia la que va a tener una influencia determinante en la masonería. En cuanto a la Geometría, el manuscrito Cooke, por ejemplo, la destaca de entre todas las artes liberales: «Existen siete ciencias o artes que son libres y nobles por ellas mismas y las siete existen gracias a la Geometría, pues no hay oficio o trabajo de artesano hecho con la mano del hombre que no se haga por geometría».[7] Y en la obra *Masonería diseccionada*[8] (1730) nos encontramos el siguiente diálogo:

P. ¿Cuántos principios hay en la masonería?
R. Cuatro.
P. ¿Cuáles son?
R. El punto, la línea, la superficie y el sólido.
P. Explicadlos.
R. El punto es el centro alrededor del cual el maestro no puede errar, la línea es la longitud sin anchura; la superficie la longitud y la anchura; el sólido lo comprende todo.

La Geometría, pues, enseña el conocimiento de las proporciones y de los límites, la gestión de la medida. Por eso la masonería operativa medieval no la consideraba una disciplina más sino un sistema de referencias fundamental a partir del cual se desarrollaban los trabajos del oficio y las prácticas espirituales asociadas. Esta concepción de la Geometría la heredará la masonería operativa y quedará plasmada en los rituales de los distintos grados.

---

[7] *Manuscrito Cooke*, en I. Mainguy, op. cit. p. 266.
[8] Ibid. p.267.

LA ARITMÉTICA Y LA GEOMETRÍA PITAGÓRICAS Y SU RELACIÓN CON LA MASONERÍA

LOS NÚMEROS 3 y 5

El número tres es el número del Aprendiz masón, que tiene tres años de edad. Todo el simbolismo de este grado está marcado por el tres: los tres viajes de la iniciación, la edad, la marcha, el toque, los tres pilares y las tres ventanas de la logia, las tres luces, el delta luminoso, etc. Como ejemplo de la centralidad del número tres en este grado vamos a examinar la marcha del Aprendiz.

El desplazamiento del Aprendiz se efectúa ritualmente mediante tres pasos iguales y rectos, con los pies en escuadra. En el REAA estos pasos se deslizan a ras de suelo trazando una línea recta y comienzan con el pie izquierdo. Son tres pasos que parten siempre de occidente, entre columnas, y se dirigen a oriente. Es decir, representan la salida de las tinieblas exteriores del mundo profano y el comienzo de la vía iniciática. Cada vez que el pie izquierdo avanza es seguido por el derecho, que forma una escuadra. Estos tres pasos se efectúan al entrar en la logia una vez que los trabajos ya han comenzado. El desplazamiento tiene un ritmo regular y su simbolismo indica el esfuerzo que el Aprendiz tiene que llevar a cabo para avanzar en dirección a la luz. Efectivamente, las dificultades en el camino iniciático muchas veces obligan a detener la marcha y llevar a cabo una parada de reflexión para continuar posteriormente con el desplazamiento, siempre en línea recta.[9] Para J. Boucher que la marcha se inicie con el pie izquierdo y no con el derecho se justifica porque el primero es el del sentimiento y el segundo el de la razón. Así, el sentimiento, la afectividad, que es móvil, proporciona la energía necesaria para iniciar el desplazamiento y la razón, que es estable, rectifica –paso en escuadra– los errores que el pie izquierdo haya podido cometer.[10]

La marcha del aprendiz se efectúa sobre el pavimento mosaico, formado por cuadrados blancos y negros que forman un damero. Simbolizan evidentemente el mundo de la manifestación sobre el cual debe desplazarse el Aprendiz para alcanzar su objetivo, un mundo compuesto de elementos aparentemente contrarios, el mundo de la Dualidad, de la luz y las tinieblas –recordemos lo que dijimos al principio del artículo sobre el simbolismo del dos–. Es decir los pasos del Aprendiz –el tres– deben darse en un mundo bipolar –el dos– El simbolismo de este hecho es extraordinariamente importante porque implica que el iniciado debe ir más allá de la Dualidad para retornar a la Unidad, algo que sólo puede conseguir gracias al Ternario. Mediante el conocimiento –la gnosis– el Aprendiz Masón debe aprender a

---

[9] I. Mainguy, op. cit. p.93
[10] J. Boucher, op. cit. pp. 351-354.

LA ARITMÉTICA Y LA GEOMETRÍA PITAGÓRICAS
Y SU RELACIÓN CON LA MASONERÍA

superar la visión dualista del mundo. El profano no puede escapar a la dico-
tomía del bien y el mal, de la luz y la oscuridad: su mundo está compuesto
por opuestos que le arrastran en un desplazamiento errático. Según J. Boucher[11] dicho profano sigue una vía *exotérica*, pasando alternativamente del
blanco al negro y del negro al blanco; el iniciado, por el contrario, sigue una
vía *esotérica*, pasando *entre* el blanco y el negro, que ya no suponen un obs-
táculo en su camino hacia la luz (la Unidad).

El número cinco, por su parte, es el número del Compañero masón, que tiene cinco años de edad. El simbolismo del cinco está presente en muchos de los
elementos esenciales del grado: los cinco viajes, los cinco sentidos, los cinco
órdenes de arquitectura, el toque y la marcha del Compañero, la estrella de
cinco puntas, etc. Vamos a analizar como ejemplo la marcha del Compañero.

El desplazamiento del Compañero se efectúa ritualmente en logia mediante cinco pasos: los tres primeros son los del Aprendiz, ya analizados. Quiere
esto decir que el Compañero continúa, desarrolla y perfecciona la marcha
del Aprendiz: si éste estaba aprendiendo a caminar, el Compañero se supone
que ya sabe hacerlo, pues se le va a pedir recorrer simbólicamente la extensión de la esfera del conocimiento terrestre.[12] Los pasos específicos del Compañero (en el R.E.A.A.) son el cuarto paso, que se realiza haciendo un desplazamiento de lado, hacia el Sur, con los pies siempre en escuadra. El paso
es hacia adelante y la derecha, avanzando el pie derecho, para después des-
plazar el izquierdo y ponerlo en escuadra. El quinto paso vuelve al eje inicial
desplazando el pie izquierdo hacia la perpendicular y luego el derecho, para
formar nuevamente la escuadra.

El cuarto paso del Compañero es una invitación a viajar, a actuar. Se aparta momentáneamente de la línea recta del Aprendiz para iniciar una peregrinación. Hay que recordar que los miembros del *compagnonage*, organización iniciática operativa hermana de la masonería con gran arraigo en
Francia, llevaban a cabo un viaje real cuyo recorrido, siguiendo el sentido de
las agujas del reloj, tenía CINCO etapas principales: partiendo de Lyon, el
compañero se detenía en Marsella, Burdeos, Nantes y Orleans antes de volver a Lyon: trazando una línea recta para unir estas ciudades, se obtiene un
pentágono estrellado casi regular (en otras ocasiones se partía de París pasando por Burdeos, Dijon, Nantes y Valence, antes de volver a París, siguiendo un recorrido siempre pentagonal). Esta peregrinación del Compañero puede interpretarse desde diversas perspectivas: la primera tiene
relación con los cinco viajes realizados en la ceremonia de elevación al grado, en la que el futuro Compañero descubre cinco mensajes o leyendas que

---

[11] Ibid., p. 178.
[12] Irene Mainguy, op. cit. pp. 323 y 324.

le invitan a profundizar en diferentes aspectos del conocimiento. La segunda perspectiva hace referencia a los viajes del Compañero al exterior, cuando visita otras logias para instruirse y hacer acopio de experiencias enriquecedoras para su desarrollo iniciático. La tercera perspectiva es el viaje interior de autoconocimiento necesario para el perfeccionamiento espiritual. Este cuarto paso del Compañero simboliza, pues, la acción exploradora de las cuatro direcciones del espacio y del centro para conocer el mundo que le rodea y conocerse a sí mismo. Para Oswald Wirth el cuarto paso indica que el Compañero no debe seguir siempre la misma dirección porque «para perseguir la verdad allí donde se oculta le es permitido apartarse de la ruta normalmente trazada. Pero la exploración del misterio no debe desorientarle, pues todo desvío momentáneo de la imaginación debe ser seguido de un retorno a la rectitud racional.»[13] El quinto paso, finalmente, significa, por lo tanto, el retorno al eje de los tres primeros, pues la vía de la búsqueda de la Luz del iniciado siempre debe tomar la línea recta.

El delta luminoso y la estrella flamígera

El delta[14] luminoso preside la logia de Aprendiz y está situado en el Oriente, encima del Venerable Maestro. A sus dos lados, el sol y la luna, con los que forma las tres grandes luces que iluminan los trabajos de la logia. Para Arturo Reghini «el símbolo pitagórico de la Tetraktys, en su forma esquemática de triángulo equilátero, coincide manifiestamente con la forma esquemática del delta masónico».[15] La herencia pitagórica de la masonería es manifiesta en este símbolo, que puede llevar en su centro el tetragrama sagrado en letras hebreas o bien el ojo divino. En este sentido es uno de los aspectos del Principio, del Gran Arquitecto del Universo, cuyo ojo – *tercer ojo* u *ojo del corazón*– simboliza la omnisciencia y también la consciencia interior de carácter superior que está constantemente despierta, necesaria para el conocimiento espiritual o *Gnosis*. Esta consciencia superior, asociada al Venerable Maestro, es la culminación y síntesis de los otros dos símbolos que están a los lados del delta luminoso: la luna y el sol. La luna creciente está situada a la cabeza de la columna del norte representando una fase ascendente de desarrollo, de la misma manera que el Aprendiz ha comenzado una vía de progreso por su iniciación. Simboliza una forma de conocimiento indirecto, reflejo y discursivo, pero necesario en una primera etapa de desarrollo espi-

---

[13] Oswald Wirth, *Libro del Compañero*, Oviedo, Editorial masónica.es, 2017, pág. 62.
[14] *Delta* es el nombre de la letra *d* griega, que tiene forma de triángulo cuando es mayúscula.
[15] Arturo Reghini, *El número sagrado en la tradición pitagórica masónica*, Obelisco, Barcelona, 2018, p. 60.

ritual. La luna recoge todas las influencias terrestres (*yin*) pues representa la manifestación sensible en sus diversas formas más o menos sutiles. Por su parte, el sol ilumina la columna del sur, la de los Compañeros. En este caso se trata de un conocimiento directo, inmediato e intuitivo, representativo de una etapa más avanzada del iniciado. El sol recoge todas las influencias celestes (*yang*) y representa lo suprasensible y trascendente que ilumina la manifestación sensible (luna).

Según Jules Boucher[16], los tres lados del delta luminoso pueden referirse a distintos ternarios masónicos: Pensar bien, hablar bien, actuar bien; Libertad, Igualdad, Fraternidad; Pasado, Presente, Futuro; Luz, Tinieblas, Duración; Sal, Azufre, Mercurio; Sabiduría, Fuerza, Belleza. Y para Irène Mainguy[17] dicho delta representa, por su lugar central desde el punto de vista cósmico, la totalidad de la manifestación, la esencia y la sustancia, el cielo y la tierra: la tierra es la base del triángulo, el cielo el ángulo superior y la forma de montaña del delta representa la unión entre el cielo y la tierra, situada en el centro del mundo, del que es imagen y que se asimila también al templo masónico.

La estrella flamígera es para el Compañero lo que es el delta luminoso para el Aprendiz.[18] Es el símbolo central del segundo grado, que el Compañero deberá meditar e interiorizar. La mención de una estrella flamígera es muy antigua en masonería: se la encuentra en el *Manuscrito Sloane* y en el *Regulador del masón,* los dos del siglo XVIII. En este último, la estrella flamígera aparece al recipiendario al final del quinto viaje, en el que se le dice:

> Hermano, considerad esta estrella misteriosa, no la perdáis jamás de vista: ella es el emblema del genio que eleva a las grandes cosas: y con más razón todavía, es el símbolo de este fuego sagrado, de esta porción de luz divina con la cual el Gran Arquitecto del Universo ha formado nuestras almas, en cuyos rayos podemos distinguir, conocer y practicar la verdad y la justicia.[19]

El texto es suficientemente elocuente: símbolo de lo divino en el ser humano, que posibilita la búsqueda de la verdad y de la justicia, la estrella flamígera es lo más elevado y preciado del Compañero, así como la quintaesencia del conocimiento que aspira a alcanzar. A la pregunta: *«¿sois compañero?»* El compañero responde: *«he visto la estrella flamígera».* Este «ver» debe entenderse como una visión interior por el «ojo del corazón», la sede de la intuición supra racional que el iniciado debe despertar con su práctica meditativa.

---

[16] Jules Boucher, *La symbolique maçonnique*, París, Dervy, 2011, pp 117-118.
[17] Irène Mainguy, *La symbolique maçonnique du troisième millénaire*, Paris, Dervy, 2006, p. 181.
[18] Ibid., pp. 296 y ss.
[19] El *Regulador del masón*, 1785, en Irene Mainguy, op. cit. p. 296.

LA ARITMÉTICA Y LA GEOMETRÍA PITAGÓRICAS Y SU RELACIÓN CON LA MASONERÍA

El pentalfa o pentágono estrellado, origen de la estrella flamígera masónica, fue un signo de reconocimiento de los pitagóricos. Su grafismo está regido por el *número de oro* o *divina proporción*: número irracional cuyo valor equivale a 1'6180 y que fue descubierto por los pitagóricos a partir de la geometría: se trata de la relación o proporción que existe entre dos segmentos de una recta *a* (largo) y *b* (corto), según la ecuación siguiente:

$$(a+b)/a = a/b$$

Lo que significa que la relación entre la longitud total (a+b) y el segmento más largo (a) es igual a la relación entre el segmento más largo (a) y el más corto (b). A esa relación se le llama proporción áurea o divina, porque está presente en todas las formas vivas, siendo un factor de orden, armonía, ritmo y belleza.

Matila Ghyka, en su notable estudio sobre *El número de oro*,[20] define a su imagen gráfica, es decir, al pentalfa o pentagrama, como «el símbolo del amor creador y de la euritmia viva»[21]. Es, en este sentido, el emblema del ser humano que refleja a su vez la naturaleza y el ritmo del cosmos, constituyendo la analogía -la correspondencia– entre el microcosmos y el macrocosmos, que inspiró durante más de dos mil años la tradición esotérica occidental. La masonería recogió y adaptó este símbolo milenario a sus prácticas iniciáticas, convirtiéndolo en la estrella flamígera del grado de Compañero. De esta forma se convirtió en la heredera de la antigua tradición pitagórica, cuyos símbolos numéricos y geométricos conserva todavía en sus rituales. ⚒

---

[20] Matila Ghyka, *El número de oro: I los ritmos– II los ritos*, Barcelona, Poseidón, 1978.
[21] Ibid., p. 41.

Rémi Boyer

LA FRANCMASONERÍA
COMO VÍA DEL DESPERTAR

Traducción de
ALFONSO MARCUELLO

masonica.es

Josué Bonnín de Góngora es compositor y pianista. Con una amplia trayectoria musical iniciada con su debut en 1992, ha dado recitales y conciertos en múltiples países aparte de España, como Italia, Alemania, Francia, Reino Unido, Estados Unidos, etc. Cuenta también con galardones tanto de España como del extranjero.

En el campo del ensayo literario es autor de obras como *Mozart, Armonía e Infinitud: compases de la Iniciación* (MASONICA, 2017), «Poeta en Nueva York: un gran camino Iniciático», publicado en 2018 en la revista especializada *Licencia Poética* (ARS POETICA, 2018) y *Poeta en Nueva York: teoría y paráfrasis de su construcción musical.* (AKAL, 2019).

Masónicamente es Maestro Escocés de San Andrés y ha trabajado en diferentes logias del RER.

LA MÚSICA
CON RELACIÓN A LAS
ARTES LIBERALES

Josué Bonnín de Góngora

E n este artículo se va a tratar de analizar desde el punto de vista contextual inmerso en la dinámica social del punto de inflexión histórico que estamos padeciendo. Léase finales del siglo XX y principios del XXI, y en relación con las llamadas «Artes Liberales». Y se va a plantear de esa forma porque quizá hayan cambiado los conceptos de «Arte» y «Libertad» y por ello, este enfoque más actual. Es necesaria una denuncia, en el sentido *leibnitziano* del término: «algo es necesario si su contraria no es posible», así es necesaria y justificada esta denuncia con relación a las Artes liberales y, en especial, se pondrá énfasis en la Música como Columna de Armonía y su profunda significación.

Contexto de las artes en los siglos XX y XXI

Es indubitable que cualquier artista de cualquier disciplina imprime a su obra una cosmovisión subjetiva y personal de la vida o del Universo, creando así una especie de «micro universo» tanto en el fondo como en la forma. Pero estos micro universos de los «muchos» artistas que pudiera haber e independientemente del «estilo» (léase hoy caprichismo o estúpidas «modas pasajeras» ha de tener, por fuerza, un hilo conductor que conecte, de alguna manera con los demás, para hacerle así su prójimo[1]: esa forma de conectar, de dar un mensaje en clave artística es el hacer del semejante prójimo mediante el amor. Y amor reconocible por el recipiendario que está frente a la obra de arte. No basta con el feroz subjetivismo que nace y muere en uno mismo, hay que hacer reconocible el mensaje -mediante la obra de arte- al que está dispuesto a recibirlo. Y el único transmisor válido es el amor y su hija predilecta: la Belleza.

Se dirá en este punto que uno se adentra en el terreno de la subjetividad. No tanto es así, todos; y digo todos tenemos un sentido intrínseco de la Belleza más allá de meras estéticas o particulares pareceres (sobre gustos se ha escrito, y mucho) y es ese sentido el que coaliga la Belleza con la Verdad -más allá lo digo de interpretaciones platónicas- y esa Verdad es la que antaño, percibía el Hombre[2] en su conexión con el Infinito, léase Di.s[3]. Sólo de ahí parten la Belleza y la Verdad en común armonía y lo digo **independientemente** de estéticas o del devenir natural del arte en su evolución: puede existir Belleza en la «fealdad» siempre y cuando ésta parta del amor y de Di.s.

Sólo de ahí nace el verdadero Arte, del que dan testimonio las grandes Catedrales que en el mundo son. Y no hago referencia exclusivamente a las levantadas en piedra –la piedra da Fe de la Cultura– no me refiero exclusivamente a la Palabra cristalizada en esas piedras, sino a las grandes Catedrales que han sido erigidas en Música, Pintura, Escultura…todas las grandes son necesariamente monumentos al Amor de Di.s y, por tanto, amor al Hombre.

---

[1] Interesante concepto y bella palabra. Si tomamos la etimología hebrea, podemos leer en Levítico 19: «no odies en tu corazón a tu hermano, pero corrige a tu prójimo, para que no te cargues con un pecado por su causa. No te vengarás ni guardarás rencor a los hijos de tu pueblo. Amarás a tu prójimo como a ti mismo. Yo, YHVH. Guardad mis preceptos. No cruzarás ganado tuyo de diversas especies. No siembres tu campo con dos clases de grano diferentes. No uses ropa de tejido de dos clases.» Desde el punto de vista simbólico esto viene a decir que «prójimo» es aquel que pertenece a tu mismo «rebaño»; todo dado en sentido metafórico, obviamente.

[2] No hago uso del lenguaje inclusivo porque en el concepto «Hombre» ya están incluidos varón y hembra.

[3] No se escribe el nombre de Dios» completo por las propias cuestiones de Fe. Valga la contradicción.

LA MÚSICA CON RELACIÓN A LAS ARTES LIBERALES

Y es desde esa cumbre solitaria e inmensa de lo Infinito, de lo trascendente donde nace el río del Amor, de la Belleza y de su afluente, el Arte. Si no hay cumbre limpia y clara, bajan las aguas turbias, confusas y sucias y de estas aguas -sin conexión actual con lo Infinito- sólo vienen lodos, confusión y perdición; todo aquello que socava la Humanidad del Hombre y lo reduce al nivel de las bestias.

Así el panorama artístico actual es un desierto, pero desprovisto de todo valor y significación Teológica[4]: hablamos más bien de un vacío que acaba infundiéndose por capilaridad en la dinámica social y ésta, en la moral y en la ética; en una especie de uróboro que se devora a sí mismo: esfuerzo inútil, pues lo único que puede destruir el círculo es el Eterno. Lo Infinito.

Sin Arte, no hay Belleza; sin Belleza no hay Verdad, sin Verdad no hay ética ni moral y sin ética ni moral no hay Humanidad. Sin Humanidad no hay sociedad. Diríase en una especie de degradación de la conexión con el Infinito que si era degradado fabricar ídolos a representación del Eterno desembocando en las aguas sucias de la adoración del «becerro de oro»; más bien ahora, en un paso más de esa separación, de esa «Segunda Caída» lo que se adora ahora es el oro del becerro.

Y así, el trance de «*Adhuc Stat*» en el que se encuentra el Arte.

Volviendo al tema de la soberbia de «mi subjetividad carente de Universalidad es Arte» habremos de observar que, precisamente el recorrido artístico superior no es el de «provocar» o el de «escandalizar» en el sentido mundano del término es, más bien, el de «despertar». Un despertar de emociones que habiendo hecho el artista una profunda indagación interna, para sí mismo y una lacerante autocrítica, solo después, digo, el verdadero artista, amante de la Belleza da al prójimo sus obras «como a sí mismo». Sólo así, encontrará -aunque sea- átomos de una Verdad Universal y reconocible por los demás…y es aquí donde está el verdadero mensaje. Esto, obviamente, no es óbice para «hacer Arte *para el público*»: evidentemente NO. Todas las revoluciones artísticas, las verdaderas obras originales -no necesariamente novedosas- han sido por las verdades que se han encontrado los verdaderos artistas indagando y preguntando en su interior. Es éste un Arte desprovisto de soberbia, pero investido de mucho sufrimiento: está dotado de ética y moral elevadas, el cielo estrellado sobre las cabezas.

Mas ahora, no encontrando más que vacío por falta de búsqueda, dan los pseudo artistas sus «obras» como si hubieran sido engendrados por el valor por defecto de sus excentricidades y ego: causo una impresión con mi «arte»

---

[4] El Desierto es de gran importancia Teológica en la Tradición Hebrea. En la Biblia es traducido cómo Libro de los Números (¿?), mientras que en la Ley Torá se llama «En el Desierto». Esto es debido a la gran carga de capacidad de escucha interior cuando no existen voces ni metales en lo exterior; dejando al pueblo de Israel que tomara conciencia de su dependencia del Eterno.

y he provocado una reacción en el recipiendario. Si fuera así, si fuera esto válido; todo sería Arte y al ser todo Arte no sería distinguible y, por tanto, no existiría diferencialmente: justo lo que sucede ahora. El ridículo de una banana pegada con cinta americana es arte…

El Arte de Verdad no es barato a ojos del Espíritu.

El mecanismo acción-reacción en el Arte verdadero no sólo puede no ser inmediato, sino que, además, el recipiendario ha de presentar unas credenciales ante él. De ahí que, por ejemplo, que se califique de «Música Culta» a aquella en contraposición con la «pop»: el que ha de ser culto es el recipiendario. De ahí el gran «éxito» de la música «pop»: no exige nada al recipiendario. La *Missa Solemnis* de Beethoven o la *Resurrección* de Mahler o los Conciertos para violín de Bach; sí exigen al que la recibe, pero también reciben la elevación espiritual y no mero entretenimiento para no hacer un esfuerzo exigente al Espíritu[5]. De este desprendimiento de lo Infinito se sigue la falta de ética, moral y falta de gusto que encontramos en algunos anuncios publicitarios donde podemos oír Grandes Músicas asociadas a venta de cereales o cualquier estúpido producto dado por las redes comerciales… ¿no sería esto como hacer un *graffiti* en la Capilla Sixtina? Mejor, no dar ideas.

¿Sería plausible tal atentado contra la Dignidad Humana? Por supuesto que sí: basta que la soberbia de cualquier energúmeno supere su concepto de «arte», ética, estética y moral: algo sumamente fácil hoy en día en recipiendarios llenos de ego y vacíos de todo.

¿Qué ocurre con esas impresiones de «provocar» o «escandalizar» desde el punto de vista del Arte? Pues que el Arte debe o no provocar, debe o no escandalizar; pero siempre bajo el prisma de la impresión sensible **artística**, que no es cualquier impresión sensible. Por poner un ejemplo: si yo dejo caer un piano de cola desde diez metros de altura y a dos metros del público es seguro que provoca una reacción, aparte de la provocación y el escándalo si el piano es un Steinway de cola entera. Pero… ¿Es Arte? Evidentemente, no.

No es una impresión sensible **artística** porque no ha cambiado -transmutado en una especie de alquimia espiritual- el Espíritu: no ha habido *elevación* hacia lo trascendente. Esto no ocurría si en lugar de destrozar el piano un buen intérprete diera vida a las notas de, por ejemplo, la Fuga nº 1 del Arte de la Fuga de J. S. Bach.

---

[5] Y ocurre aquí con el Espíritu lo mismo que con el cuerpo: el que habitualmente se dedica a la gimnasia corporal puede esperar músculos y un cuerpo tonificado. Así, también ocurre con e Espíritu, el que habitualmente recurre a ejercicios espirituales -escuchar Bach, Beethoven, por ejemplo- irá fortaleciendo el Infinito que hay en él que, sin duda, es una mejora para sí mismo y, por ende, para toda la sociedad.

Y es aquí donde juega un papel fundamental el recipiendario: un imbécil, a buen seguro, los pondría al mismo nivel; incapacidad de la más mínima autocrítica de reconocer en su espejo su propia estulticia mental y espiritual. De este modo, mientras que antes, el Artista hacia Humanidad; ahora la «masa» crea al artista en virtud del reconocimiento de la mediocridad más acentuada.

Si es la «masa» la que «crea» al artista por agregación de opinión[6] -más en la sociedad actual, hiperconectada pero incomunicada- también crea ética y moral en proporción a ese concepto de arte. Resultado: por todos conocido.

Declaradas ya las coordenadas del arte en este punto de inflexión histórico, vamos a particularizar en el estudio de la relación de la Música -escrita con mayúsculas porque excluyo la «música» que mueve, pero no conmueve- con las llamadas artes liberales, no sin antes analizar el concepto de libertad y liberalidad.

La Libertad. Artes Liberales

Entramos en uno de los conceptos más controvertidos de la Historia de la Humanidad: el concepto de Libertad, del que aquí suscribe tiene su propia idea y la voy a exponer para justificar la ulterior relación con la Música. Desde mi exclusivo punto de vista y muy al contrario de lo que se suele pensar, la libertad es un concepto que es un *«patrimonio común»* en el sentido de que es un bien común del que se desprende la libertad individual. El límite de la libertad es la responsabilidad. Sólo desde el ejercicio de la responsabilidad se puede ejercer con voluntad no arbitraria la libertad.

Diríase que se confunden los términos de arbitrio conductual -preso de una voluntad caprichosa- con el de la libertad, que es un concepto interior y que emana del Espíritu. Y esta libertad del Espíritu se refleja en el grado de responsabilidad individual que ejerce el individuo en su sociedad.

Esa misma responsabilidad que no tienen los pseudo artistas actuales a la hora de exponer sus impúdicas inmundicias, así, por ejemplo, Piero Manzoni vendiendo su *«merda d'artista»* -ya sabemos que los artistas intentan dar lo mejor de sí mismos-; que no es válida ni como crítica a un sistema psicosocial que admite «eso» como arte por, sencillamente grotesco y carente del más mínimo gusto: otra gracieta más contaminando la atmósfera de la Humanidad.

Habría que hacer la observación que libertad etimológicamente proviene del latín *«libertas, -atis»* y comparte no sin profundo criterio la raíz con la palabra libro, *«liber, libri»* que hacía referencia a la corteza interior del árbol

---

[6] Este punto es controvertido: no todas las opiniones valen ni todas valen lo mismo. Es muy arraigada la costumbre en arte de decir «a mí me gusta». Felicidades, pero normalmente el gusto no crea escuela.

que se usaba para escribir. El símil es perfecto: la libertad sólo es posible mediante una gran formación, creador del criterio propio y bien fundamentado; base de una sociedad ilustrada y, por tanto, no asimilable en una gran masa directamente manipulable. Así, llegamos al concepto de «Arte liberal» en contraposición con las «artes serviles», de capital importancia en la Orden, pues ésta tiene como misión fundamental la búsqueda de la Verdad en todas sus formas y desde todas las disciplinas. La Verdad artística se manifiesta de forma diferente a la Verdad científica: esta última se aproxima más a la idea de certeza que de la propia Verdad que, desde mi punto de vista tiende un arco más amplio.

Las siete artes liberales se consideraban imprescindibles para la formación de una persona libre. Si estudiamos esta aseveración y, desde el punto de vista de nuestra proposición de fundamento, es precisamente esta formación lo que hará al hombre libre, educado[7] y disciplinado. Un recipiendario en el que habita el *«liber, libris»* siempre será más libre que el recipiendario pasivo.

Tal y como ocurre con el Bien, hay que buscar la formación de forma activa. Todo lo que entra por las ventanas de los sentidos de forma pasiva, de alguna manera, acaba desembocando en algún tipo de mal, pues éste tiene la particularidad de infundirse de forma pasiva.

Las siete artes liberales, de crucial importancia para la Orden, se dividían en dos categorías: el *trívium* y el *cuadrivium*.

Trivium

El trívium se refería a las artes relacionadas con el lenguaje: la gramática, la lógica y la retórica.

La gramática es el estudio de la estructura del lenguaje y la forma correcta de usarlo. La lógica era el estudio de la razón y sus cauces de argumentación y la retórica es el arte de persuadir y comunicar de forma que el mensaje fuera recibido de forma clara y distinta.[8]

Es de notar que, debido al estado de «Adhuc Stat» del Hombre en la actualidad, el romper con el Infinito trae consecuencias dramáticas: al no existir ese Ser Supremo, el Hombre, en su infinita soberbia se coloca en su lugar, lo que al fin y a la postre termina en la negación de cualquier tipo de autori-

---

[7] Hemos de decir aquí que muy a menudo se confunden los términos de educación y urbanidad. No tiene educación -en sentido profundo- quien no tiene educación. La urbanidad es bastante más fácil de conseguir y, a veces, puede pasar por educación: basta con seguir unas elementales normas de cortesía.

[8] Se han usado aquí los conceptos cartesianos «claro y distinto» -a pesar de la distancia temporal con la antigüedad clásica- para mostrar que el mensaje dado mediante vía retórica ha de ser efectivo.

dad. De esta negación de la autoridad, pasa el Hombre de ser libre a ser servil… ¡¡en nombre de la libertad!! Y de esta forma surgen las violentas contradicciones entre lo que se percibe de forma inmediata y lo que no se percibe nada más que por forma mediata (matemáticas, física, formas aprióricas de la sensibilidad) creando una especie de «conocimiento» basado en la sola experiencia personal…conclusión: la tierra es plana. Vemos así el disparate de negar cualquier tipo de autoridad, empezando por el Eterno y terminando, más mundanamente, por las teorías físicas de Newton o Einstein.

Música y Gramática

Se ha dicho que la gramática es el estudio de la estructura del lenguaje y la forma correcta de usarlo…pues siendo la Música un lenguaje o, al menos, lo ha de seguir siendo, tiene sus estructuras y sus formas correctas aun cuando se usen incorrectamente. En la actualidad parece ser que la Música se ha convertido en un campo experimental de los sonidos: desde mi punto de vista, la experimentación con sonidos tiene más que ver con la acústica que con la Música. Y volvemos aquí a lo que se decía al principio… ¿Es una sensación acústica una emoción musical? Desde luego si lo dejamos en manos de la flecha «recipiendario→artista» puede que sí; mas el sentido es el inverso: compositor→recipiendario, siempre y cuando se haya llegado a una verdad universal por honda introspección del artista.

Las estructuras es fundamental respetarlas, pues en el dominio de la forma va implícito el dominio del lenguaje y de la emoción que en ella queremos verter. Así, a lo largo de un discurso musical profundo en fondo y forma encontraremos esas verdades que parten de lo Alto, véase de esta forma en la siguiente figura, el comienzo de la Fuga I del *«Die Kunst der fugue»* o Arte de la Fuga de «Papá Bach»:

La estructura, la interválica, la caída, la disposición del tema está perfectamente escrito, así como no puede haber de natura un copo de nieve que no sea simétrico salvo introduciendo impurezas.

Lógica y Música

Que las Leyes de la Armonía puedan, en virtud de cierta evolución, ser las mismas con distintos ropajes no significa en modo alguno que no exista en ella una lógica intrínseca. Se puede componer, se puede descomponer, pero no de forma arbitraria en aras de un estilo que no es tal, sino caprichismo o modas pasajeras. Tiene pues, la Música una lógica implícita para que el compositor -aunque no sea lógico merced a una necesidad expresiva- se exprese. Usando un símil: algunos versos del Poeta en Nueva York lorquiano[9]:

Mi corazón tendría la forma de un zapato
Si cada aldea tuviera una sirena

¿Corazón con forma de zapato? ¿aldeas con sirenas? Este aparente surrealismo sigue las leyes lógicas del lenguaje, aunque lo que se diga sea ilógico desde el metalenguaje de la expresión artística. Así ocurre en la Música.

Puede decirse una melodía escrita para algo ilógico de forma lógica, bastaría con desvirtuar la armonía que toda melodía lleva implícita, al menos dentro de un marco tonal. Las armonías fuera del marco tonal (modalidad, atonalidad, pantonalidad, politonalidad…) se salen del propósito de este artículo. No obstante, también tienen una lógica implícita y un devenir lógico dentro del ámbito expresivo y emocional y no dentro del campo de la pura experimentación si lo que se pretende es hacer Música y no acústica.

Música y Retórica

Es en este punto donde lo cultivado que esté el recipiendario es crucial. Si éste no tiene una mínima formación espiritual y musical, estará en las mismas condiciones que un invidente de ver la Luz y esto lo digo no sólo en sentido material sino metafórico. No obstante, hay músicas que han hallado una Verdad Universal tan profunda que se hace comprensible al instante para todo el mundo. Un claro ejemplo de retórica música podría ser perfectamente el comienzo de la Quinta Sinfonía de Beethoven:

---

[9] El autor de este artículo ha publicado junto con toda la obra pianística inspirada por el poemario lorquiano un estudio intitulado «Poeta en Nueva York: teoría y paráfrasis de su construcción musical. Ed Akal. Madrid, 2021).

Quadrivium

Hace referencia a las siguientes artes: aritmética, geometría, música y astronomía.

La aritmética es el estudio de los números las relaciones entre ellos y las operaciones matemáticas. La geometría -ciencia que gobierna el Universo- es el estudio de las formas. La música es el estudio de los sonidos y la armonía y, por último, la astronomía es el estudio de los cuerpos celestes.

Música y Aritmética

Es ésta una relación importante por el que las distancias interválicas construyen la base de la tonalidad y ésta, por negación, la base de la atonalidad. Si bien es cierto que todo admite -o casi todo- un modelo matemático, el dicho que la Música y la matemática son casi la misma cosa no es cierto[10]; aun cuando la Música pueda -de alguna forma- modelizarse. La Música parte del Espíritu y éste -afortunadamente- no admite modelos matemáticos. Sí lo admite su plasmación material, pero nunca el germen inicial si es verdadera Música. Si fuera «modelizable» en su totalidad cualquiera con un programa informático introduciendo ciertos «input» o parámetros de algún tipo de regularidad; podría «componer» una Sinfonía de Mozart…lo cual es bastante dudoso. Aunque las frecuencias de las notas estén en determinadas proporciones para construir modelos acordales, esto NO significa que sean matemáticas, del mismo modo que yo puedo saber las proporciones de mi amada y no puedo hacer un modelo matemático del enamoramiento. Valga el símil.

No obstante, en virtud de esos modelos se han podido construir «músicas» experimentales que podrían tener valor teórico-matemático, pero no musical: también se podría construir una obra escrita en ultrasonidos (¿?) …

De esta forma, con esta proposición de fundamento, la relación Música-aritmética es puramente formal.

Música y Geometría

Diríase algo parecido al epígrafe anterior, más teniendo en cuenta la distribución geométrica que de los números hacían los pitagóricos, a saber:

Que los números tienen distribución planar y espacial; véase la siguiente figura.

---

[10] De hecho, el Gran Beethoven multiplicaba sumando repetidamente y sumaba con los dedos.

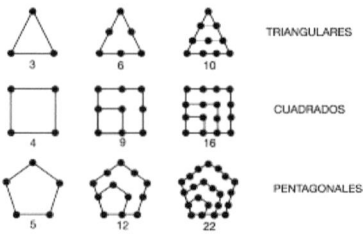

Dicha pues, la relación aritmético-musical, queda en el mismo espectro conceptual el geométrico-musical.

Música y Música

Evidentemente, la relación entre la Música consigo misma es reflexiva. Y esta reposa tan sólo en la sinceridad que tengan los compositores para desprenderse de sus metales para, sumergiéndose en sí mismos hallen una Verdad universal digna de ser compartida con los demás para hacerse su prójimo: basta despojarse del metal de la vanidad y la soberbia, haciendo un ejercicio profundo de introspección en sí mismo. Sólo desde esta perspectiva es posible el Arte y que la Música no se corrompa a sí misma y acabe por destruirse. En palabras de Schiller «Cuantas veces ha fracasado el Arte ha sido por culpa de los artistas».

Música y Astronomía

Aparentemente alejadas estas disciplinas, quizá salvo esta última relación de la Música consigo misma, sea la más profunda y la más fuerte de todas las relaciones. Alguien habló de la «Música de los astros» en una Suite orquestal titulada «los planetas» del compositor inglés Gustav Holst. Este compositor pudo intuir el conocimiento astronómico a través de su carácter astrológico (no confundir, por supuesto astrología con astronomía), lo que considero intuición[11] de lo que es la «Gran Sinfonía cósmica» las cuerdas de esa sinfonía vibrando al son de los astros en un movimiento tejido por el Gran Arquitecto… ¿Acaso es más precisa la Teoría General de la Relatividad de Einstein que los acordes de la inconmensurable Séptima Sinfonía de Beethoven?...¿Quién ha dicho las verdades más profundas?. Se me figura la diferencia entre el enamoramiento científico -que no es posible, no es posible

---

[11] La intuición es la parte inmaterial e incuantificable de cualquier disciplina artística o científica.

enamorarse científicamente, aunque la potencial pareja satisfaga todas y cada una de las condiciones «exigidas»- y el enamoramiento por la pura propiedad del Ser. Así la analogía entre una y otra… ¿Qué es «más» Universo, las ecuaciones tensoriales de la TGR o la fuerza cósmica del Primer movimiento de la Séptima?

Invito al lector a ambas, pero a buen seguro que el que le empujará bajo el Cielo estrellado, es la segunda opción. ⚏

OBRA RECOMENDADA

JOSUÉ BONNÍN DE GÓNGORA

MOZART,
ARMONÍA
E INFINITUD

Compases de la Iniciación

masonica.es

Incluye CD

Nicola Lococo, nacido en Castro Urdiales en 1968, es filósofo, teólogo, pedagogo, escritor, analista y asesor de diversos organismos internacionales y colaborador habitual en medios de comunicación. Asimismo, Lococo es un acreditado ajedrecista autor de numerosas obras de ensayo.

LAS
SIETE ARTES LIBERALES
EN MASONERÍA
o de la milenaria reivindicación
de la arquitectura

Nicola Lococo

E l *Poema regius* **(1390),** el primer texto vinculado a la masonería medieval donde aparecen citadas las siete artes liberales, nos brinda abordar la cuestión desde la preocupación por su desarrollo en legajos posteriores, cosa de la que me ocuparé mínimamente, y desde la curiosidad por averiguar la tradición con que engarza su contenido, propósito de este trabajo.

El confronto del *Poema regius* con el *Manuscrito Cooke* (1415), apenas separados por un cuarto de siglo, arroja múltiples diferencias, merecedoras en sí mismas de otro artículo, aunque aquí nos limitaremos a resaltar tres: la forma literaria; el empleo de las voces «artes/ciencias» y la posición de la geometría en relación con las demás materias. Mientras el primero está redactado en verso, habla de «artes» y coloca la geometría en último lugar, el segundo, aparece escrito en prosa, emplea la palabra «ciencias» y le otorga a la geometría la primacía. En consecuencia, conforme a principios de crítica literaria, podríamos barruntar que el *Poema regius* tiene un entronque más íntimo con la tradición incorporada que el *Manuscrito Cooke*, donde la misma aparece más mediada, sin embargo, en lo sustancial, ambos textos coinciden en otorgarle a la geometría la mayor relevancia, uno citándola al final en una escala de valores invertida y el otro otorgándole la primacía respecto al resto de materias que de ella derivan. En cualquier caso, sendos documentos pueden contemplarse como una muesca más en la milenaria reivindicación de los maestros constructores por hacerse un hueco entre las siete artes liberales de la que fuera excluida la arquitectura aprovechando a tal fin el resquicio dispensado por la geometría.[1]

El hecho de que el *Poema regius* (1390) sea el primer texto de la masonería medieval en nombrar las siete artes liberales, ya lo habilita como punto de partida para emprender la arqueología del conocimiento con la feliz circunstancia de que, tanto su forma (poema), como la metáfora arbórea con que presenta las siete artes, especialmente a la gramática (raíz), nos permite conectarlo con el poema *De septem artibus liberalibus in quadam pictura depictis,* de **Teodulfo de Orleams (750-821)**. Esta conexión, no pretendemos sea directa, ni continua, en los seis siglos de su distancia, pero no podemos despreciar la capacidad de la tradición oral en la transmisión de las ideas, menos, cuando el marco en que acontece es la vida monástica, preponderantemente benedictina, donde se dieron cita las mentes más brillantes del periodo.

Conforme a la mayoría de masonólogos, el *Poema regius* fue compuesto por un clérigo en torno a 1390. Si a este dato le sumamos que buena parte de su vocabulario está influenciado por el francés, sea debido a la penetración de órdenes como el cister tras la invasión normanda del siglo XI, sea por el trasiego de la Guerra de los Cien años (1337-1453) en que el texto fuera redactado, la pretendida conexión con Teodulfo va por buen camino por cuanto este autor, un religioso hispano-godo nacido en la Marca hispánica, fue nombrado por Carlomagno Obispo de Orleans en el 794. Su relevancia intelectual queda evidenciada ser el sucesor de Alcuino en el 804 como consejero del emperador.

La cercanía física e intelectual de Teodulfo de Orleans con Carlomagno y Alcuino no es baladí para nuestras pesquisas por cuanto la envergadura de estos dos personajes para la cultura occidental es de sobra conocida.

A **Carlomagno (742/48-814)** le debemos habernos percatado de la sabiduría destilada en la *Regla benedictina*, durante su visita al monasterio de Montecasino[2] donde encargaría una copia para ser reproducida en todos los mo-

---

[1] Hasta aquí llega mi preocupación por el desarrollo de la cuestión en textos posteriores, pues comoquiera que el *Manuscrito Cooke* sirviese de base para el resto de documentos de la masonería medieval, aun de las *Constituciones de Anderson,* siendo mi propósito arrojar algo de luz y no oscuridad sobre la materia, poco más puedo hacer que remitirles a los eruditos trabajos ya editados con profusión sobre el particular.

[2] El monasterio de Montecasino fue fundado por san Benito en el 529 sobre las ruinas de un antiguo templo dedicado a Apolo en lo alto de una colina vecina a la localidad que le da

nasterios de sus dominios, lo cual, convertiría a dicha directriz monacal en la preponderante, pues en su seno emergerían las reformas, primero cluniacense y después cisterciense, con sus consiguientes expansiones que alcanzaron a los monasterios ingleses. E igualmente, le podemos atribuir el mérito de haberse rodeado de las inteligencias más sobresalientes del periodo, entre la que se contaba Alcuino a quien mandó llamar a Aquisgrán en el 782 para ponerlo al frente de su renombrada Escuela Palatina. Estas fueron las dos columnas sobre las que se asentaría el denominado renacimiento carolingio.

Alcuino de York (724 – 804) fue un monje benedictino, teólogo, filósofo, matemático, gramático y pedagogo, formado en la escuela benedictina de York donde ya se impartían las materias tradicionales integrantes del trívium y el quadrivium denominadas también «siete artes liberales» asunto relacionado con la reconocida influencia que en su pensamiento tuvieron las lecturas de Agustín, Boecio y Casiodoro. Sería este esquema educativo el reproducido y perfeccionado por Alcuino durante sus ocho años al frente de la Escuela Palatina y en otros cargos vinculados a la enseñanza del imperio carolingio hasta su muerte en el 804 donde destacaría por su defensa de las siete artes.

Tenemos, entonces, un poema de Teodulfo que versa sobre las siete artes liberales dispuestas en forma arbórea con la gramática, cual robusta raíz, de done surgen las demás ramas del conocimiento como en el *Poema Regius*. Pero hay una diferencia sustancial entre los dos poemas: mientras el de Teodulfo sitúa a la geometría en el mismo nivel que la música citada detrás de la aritmética y justo antes de la ciencia de los astros, la última en ser citada, el *Poema Regius*, coloca a la geometría al final en una escala invertida de relevancia.

Trazado el fundamento de la posible conexión entre los dos textos queda esbozar la cadena de unión transmisora de estos conocimientos en el indicado conducto monacal, tarea que, pese a contar con un inicio prometedor como el referido por la conexión de Teodulfo con Alcuino, pronto veremos no fue tan sencilla.

Rabano Mauro (776-856) fue un monje benedictino, teólogo, filósofo y pedagogo alemán, quien tras sus primeros estudios en la abadía benedictina de Fulda,[3] estudió en Tours con Alcuino para retornar a Fulda como director de su escuela en el 799 antes de ser nombrado Abad de dicho monasterio en el 822 y posteriormente arzobispo de Maguncia en el 847, cargo ostentado hasta su fallecimiento. Aunque Fulda ya despuntaba como foco cultural de primer orden con anterioridad a la llegada de Rabano Mauro, es innegable que su presencia reforzó su prestigio hasta convertirse en el mayor centro de cultura centroeuropea del momento cuya influencia traspasaría los muros de la

---

nombre. El lugar, fue consagrado por su fundador a Juan Bautista y sería allí donde redactaría la conocida posteriormente como *Regla de san Benito*.
[3] Conviene saber que Fulda fue fundada por indicación del monje inglés Bonifacio cuya biblioteca estuvo bien nutrida de ejemplares por decisión de Carlomagno.

abadía y aún de las disciplinas habituales cultivadas en las siete artes liberales, pues, al poco de ser nombrado abad, una de sus primeras medidas fue crear una innovadora escuela destinada a formar en trabajos vinculados con la construcción como cantería y arquitectura destinando partidas económicas al objeto de que sus Maestros pudieran continuar con sus estudios mientras enseñaban a nuevos discípulos en sus talleres.

Posiblemente, en esta decisión tuvo mucho que ver su traumática experiencia de verse apartado de sus labores intelectuales durante unos años duros para el monasterio en que su abad ordenara que todos los monjes participaran en trabajos de construcción a causa de falta de recursos económicos y humanos. Con esto conectaría su afán por cultivar la mente, no solo a sus monjes, que también a las gentes sencillas como se aprecia en *De claricorum institutione* (819) cuyos párrafos entremezclan enseñanzas del catecismo con las artes liberales, *De laudibus Sanctae Crucis*, obra deslumbrante de ingenio y sabiduría medieval donde emplea el verso para transmitir conocimientos, o su intento por acomodar el contenido de las *Etimologías* de Isidoro de Sevilla a la idiosincrasia alemana. Se sabe que mantuvo contacto con Escoto Eriúgena para solicitarle apoyo en una controversia teológica y es de suponer que ello les permitiera intercambiar provechosa información.

Escoto Eriúgena (810-877) fue un filósofo de ascendencia neoplatónica adscrito al renacimiento carolingio, pues tras educarse en un monasterio de su Irlanda natal,[4] entre el 842 y 847 se trasladó a Francia para dirigir la Escuela Palatina en la corte de Carlos el calvo. Sería bajo su dirección que el quadrivium, hasta entonces endeble, adquiriera mayor presencia curricular debido a la marcada importancia que este autor otorga a las matemáticas como verificamos en *Sobre la naturaleza (Periphyseon)*, planteamientos neoplatónicos que inocularía tanto en la Universidad de París como en la Escuela de Auxerre.

Precisamente **Remigio de Auxerre (850-908)**, monje benedictino fue discípulo del gramático irlandés Dunchad de Reims y de Heinrich, fundador de la Escuela de Auxerre, quien a su vez fuera discípulo de Escoto Eriugena. En el 876 tomaría el relevo de su maestro en la misma Escuela donde destacaría por enseñar las artes liberales, principalmente gramática, dialéctica y música. En dicho cargo permanecería hasta el 883, cuando le encomiendan dirigir la escuela catedralicia de Reims donde estuvo hasta el 900, año en que se trasladaría a la Universidad de Paris donde ejercería hasta el final de sus días. Todo su pensamiento está influenciado por aquellas ideas neoplatónicas vehiculadas por Escoto Eriúgena y es altamente significativo que de lo poco conservado de su producción, nos hayan quedado precisamente sus

---

[4] Para comprender la enorme influencia de los monjes irlandeses en la recuperación cultural de Europa, podemos acudir a *De cómo los irlandeses salvaron la civilización,* de Thomas Cahill.

comentarios a Boecio y a Marciano Capella, concretamente, *De Nuptiis Philologiae et Mercurii et de septem Artibus liberalibus libri novem.*

Pero, la transmisión de las ideas, como la de las mercancías, está sujeta a los avatares históricos y estos esfuerzos de rescatar las siete artes liberales, hubieron de sortear varios decenios de invasiones vikingas, húngaras y la temida peste que ralentizaron el proceso de recuperación cultural en Occidente, y si bien, no todo se perdió en este periodo convulso, las materias del trívium se las apañaron mejor que las del quadrivium que no resurgirían hasta la irrupción de la figura excepcional de Gelbert de Aurillac quien, como es de suponer, no apareció de la nada.

Gelbert de Aurillac (945-1003) en el 963 ingresó en la Abadía benedictina de Aurillac donde su formación fue básicamente las disciplinas del trívium aunque estamos en disposición de sospechar que aderezado de conocimientos del quadrivium, cuando menos, musicales, pues esta abadía fue la misma donde fuera abad **Odón de Cluny (878-942)** quien la tomara como referencia para la reforma de Cluny. Pues bien, sucede que Odón fue alumno de Remigio de Auxerre cuando aquel era profesor en Paris y entre otros conocimientos destacaría por los musicales. Mas, ciertamente su formación en materias científicas debieron esperar a su estancia de tres años en la corte del conde de Barcelona, Borrell II, circunstancia propiciatoria de un periplo científico por las bibliotecas de Córdoba y Sevilla donde entró en contacto directo con los tesoros científicos musulmanes en matemáticas, medicina, astronomía, etc. huelga comentar, lo decisivo que sería para la recuperación de las siete artes liberales, especialmente las relativas al quadrivium la buena sintonía mantenida con los emperadores otonianos y el hecho de haber ocupado la Cátedra de San Pedro desde el 999 hasta su muerte, desde donde, por ejemplo, implantaría el sistema decimal y los guarismos arábigos.

Tras el revulsivo de Gerbert de Aurillac (Papa Silvestre II), la recuperación de las siete artes liberales fue en ascenso, no costándonos encontrar eslabones de la cadena de unión hasta arribar a las inmediaciones espaciotemporales en que se redacta el *Poema Regius.* Antes de nada, debemos empezar por su influencia más o menos directa en **Fulberto (960-1028)** el fundador de la famosa Escuela de Chartres exponente del denominado renacimiento del siglo XII; y luego podemos continuar con el nutrido séquito de autores cuyas obras y acciones favorecieron el desarrollo de las siete artes liberales, entre muchos otros cabe citar a **Hugo de san Victor (1096-1141); Thierry de Chartres (¿?-1155); Juan de Salisbury (1120-1180); o Roger Bacon (1214-1294).**

Una vez, si no probado, al menos si mostrado cómo podría ser el canal comunicativo de las formas y contenidos del poema de Teodulfo al *Poema Regius,* creo llegado el momento de volver a Alcuino, para en esta ocasión, remontarnos en el tiempo hasta donde nos sea posible averiguar el origen de la tradición en que nacen las siete artes liberales con las que entroncará la masonería.

Como hemos adelantado, Alcuino se formó en York donde ya se impartían el trívium y el quadrivium. Tanto la escuela como la biblioteca fueron fundadas por su arzobispo Egberto (? -766) quien desde su privilegiada posición social[5] daría un enorme impulso a la tarea cultural emprendida por su maestro el insigne Beda el venerable. En los últimos años cedió la dirección de escuela y biblioteca a sus dos discípulos más aventajados: Alberto y Alcuino, aunque este último, como sabemos, marcharía para Aquisgrán junto a Carlomagno. Por consiguiente, es admisible que su pensamiento quedara impregnado del ímpetu intelectual ejercido por esa imponente figura de Beda el venerable.

Beda el venerable (672-735) fue un monje benedictino de Norteumbria cuya educación estuvo confiada a Benito Biscop en el monasterio doble de San Pedro en Wearmouth y de San Pablo en Jarrow. Su erudición proverbial quedaría reflejada en más de sesenta obras de temática teológica, exegética, patrística, gramática, literaria…pero también de historia, didáctica, música, ciencia o astronomía. De hecho, le debemos el haber impulsado decididamente el modo en cómo contamos el tiempo a partir de Cristo. Esta sabiduría enciclopédica tuvo su fuente en la biblioteca monacal de Jarrow cuyas estanterías fueron equipadas con selectos volúmenes expresamente traídos del continente por Benito Biscop; allí Beda tuvo a su disposición entre cientos de textos y autores las *Etimologías* de Isidoro de Sevilla,[6] cuyas páginas, además de inspirarle emular su esfuerzo por preservar la sabiduría clásica, contenían el esquema de las siete artes liberales, que era así, como las ideas iban de un lugar a otro en el tiempo y en el espacio; sigilosas y despacio, como debió ser por otra parte la influencia de aquel en este y de este en Alcuino quien, admirado por su enseñanza y descomunal obra se ocuparía de que se diera culto a su persona en toda la cristiandad.

Benito Biscop (628-690) este monje de Northumbria tuvo plena conciencia de su labor en aras de fundar nuevos monasterios en su tierra. A tal fin, emprendió cinco viajes a Roma. Durante su cuarto viaje en el 761, además de estudiar las diversas reglas monásticas, recorrió un peculiar circuito por los monasterios de la península itálica recopilando distintos ejemplares para la biblioteca que tenía en mente establecer en Jarrow. A su regreso a Northumbria en 674, Egfrido le concedió terrenos para levantar un monasterio en la desembocadura del rio Wear. De inmediato, Biscop pasó a Francia para traerse maestros arquitectos y obreros especializados quienes edificaron en Wearmoth la primera iglesia en piedra de Gran Bretaña al estilo de las vistas por él en Italia, a la que dotaría de vidrieras policromadas y exquisita deco-

---

[5] Era hermano de Eadberto de Northumbria y primo del también rey Ceolwulfo a quien Beda dedicó su *Historia eclesiástica del pueblo inglés*.
[6] Sabemos que tuvo acceso a ellas porque en su obra *De temporibus*, hizo uso de su contenido.

ración. El resultado fue tan impactante que el mismo rey le concedió otros terrenos cercanos en la ribera del Tyne para construir el monasterio de Jarrow. Una vez constituidos estos dos monasterios, Biscop realizaría un quinto viaje a la ciudad santa para hacer acopio de más volúmenes, pero sobre todo, obtener del Papa el permiso para traer consigo a Juan, Maestro de ceremonia y música en San Pedro del Vaticano, gracias a lo cual, Biscop introdujo la música gregoriana y la más excelsa ceremonia de la liturgia romana en tierras británicas.

Isidoro de Sevilla (560-636) este hispano-visigodo de proverbial erudición obispo de Sevilla durante tres décadas, no sólo se propuso la meta de recopilar todo el saber de su tiempo para evitar su, ya por entonces, evidente pérdida que también tomó medidas prácticas para su transmisión efectiva como lo prueba que bajo su tutela el IV Concilio de Toledo, al que asistieron más de 60 obispos, promulgara la obligatoriedad de crear escuelas catedralicias en todas las diócesis para el clero. La meta intelectual la puso por escrito a lo largo de su abultada producción, siendo exponente sus *Etimologías*, uno de los textos más copiados durante siglos por hallase entre sus páginas apreciados conocimientos de medicina, historia, geografía…y de las siete artes liberales sin importarle en absoluto la procedencia pagana de sus autores.[7]

Sus tres primeros libros abarcan las materias del futuro trívium y quadrivium tal y como lo fijaran Boecio y Casiodoro, aunque, a decir de los especialistas, a este propósito se basara en la obra de Marciano Capella, detalle muy a tener en consideración: Libro I Gramática; Libro II Retórica y Dialéctica; y Libro III Aritmética; Geometría; Música y Astronomía. El mismo orden empleado por Teodulfo en la descripción arbórea de su poema.

Casiodoro (485-580) fue un político y erudito latino cuya importancia para la cultura occidental estriba en la fundación a mediados del siglo VI del monasterio de Vivarium donde radicó una soberbia biblioteca y un scriptorium dedicado a la copia de códices y textos clásicos con la finalidad de tender un puente entre la cultura grecolatina y la de los bárbaros así como entre católicos y arrianos. La biblioteca de Vivarum pronto se hizo famosa porque a los textos habituales de otras bibliotecas monacales como evangelios, comentarios a la biblia, litúrgicos, etc. entre sus estancias se podían encontrar volúmenes de todas las materias que Boecio dividiera en trívium y quadrivium, gracias a lo cual el esquema quedaría fijado para toda la Edad Media. El éxito de Vivarum sería tal, que se convirtió en paradigma para las bibliotecas monacales occidentales.

De entre su amplia producción, la obra más celebrada es, casualmente, *Institutiones divinarum et saecularium litterarum,* texto de carácter enciclo-

---

[7] Con todo, merece atención especial sus amplios conocimientos musicales de ascendencia pitagórica con los que entrara en contacto a través de Boecio y Casiodoro.

pédico cuyo título estaba inspirado en las *Institutiones* de Quintiliano, donde Casiodoro, en sintonía con la labor de su maestro Boecio, aborda, tras una primera parte dedicada a las Sagradas Escrituras, la materia de las siete artes liberales, si bien, de modo muy desigual al concederle más de la mitad de su contenido a la retórica y la dialéctica. Pronto circularían por todo el orbe cristiano sus copias como pieza separada con el título *De artibus ac disciplinis liberalium litterarum* cuyo contenido integraría Isidoro de Sevilla en sus *Etimologías*.

Boecio (480-524/25) fue un eminente filósofo romano, político, traductor, poeta...cuya obra sería capital para la subsistencia cultural de Occidente durante toda la Alta Edad Media. Estudió con Amonio de Hermia (440-520) discípulo de Proclo, bien conectado entonces con el neoplatonismo. Así, además de traducir textos filosóficos, escribió sobre aritmética, música, geometría y astronomía, no resultando extraño que fuera el primer autor en agrupar a estas cuatro disciplinas bajo el término «quadrivium», tal cual aparece en el inicio de su *Institutio Arithmetica*.

Marciano Capella (360-428) poco se sabe de este autor enciclopédico romano del siglo V salvo la relevancia que su obra *De nuptiis Philologiae et Mercurii* (*De las bodas entre Mercurio y Filología*) tuvo en la fijación en número de siete de las artes liberales cuya presentación en el mencionado texto es la siguiente: Libro III Gramática; Libro IV Dialéctica; Libro V Retórica; Libro VI Geometría; Libro VII Aritmética; Libro VIII Astronomía; y Libro IX Armonía. Aunque presentes estaban en la boda Medicina y Arquitectura, Capella, las deja fuera por ocuparse de asuntos demasiado mundanos como el resto de artes marginadas en sus últimas páginas. Un dato a resaltar, es la adscripción de esta obra a la sátira menipea, género cultivado igualmente por autores del perfil de Varrón y Apuleyo, porque a todas luces parece haber más cera de la que arde entre sus palabras, especialmente, en pasajes como la ascensión a la Via Lactea de Filología que tanto recuerdan a las iniciaciones mistéricas.

Empero, la difusión de la obra, fue mínima, comparada con las posteriores de Boecio y Casiodoro hasta el renacimiento carolingio, época en que gozaría de mayor atención como lo prueban los comentarios de sus páginas a manos de Escoto Eriúgena, Remigio de Auxerre, Thierry de Chartres o Juan de Salisbury. Este sería el motivo por el cual, mientras se preservó el número de siete para las artes liberales así como su tácita segmentación en tres y cuatro, empero, no ocurriría lo mismo con el orden de citación de sus materias.

Que hasta entonces las artes liberales, más que numeradas eran citadas dependiendo su numeración de su enunciación, lo corroboramos con el tratamiento proporcionado a manos de un autor contemporáneo crucial para la cultura de la cristiandad como fue Agustín de Hipona.

Agustín de Hipona (354-430) fue filósofo, teólogo y obispo de Hipona en la provincia romana de África, cuya inquietud intelectual le llevaría a tratar de lo divino y lo humano para tender puentes entre el pensamiento pagano del que procedía con el ideario cristiano. También se ocupó de las artes liberales a conciencia hasta el punto de proponerse confeccionar una enciclopedia con su contenido estudiando cuantos materiales cayeron en sus manos sobre la cuestión como relata en sus *Confesiones* IV, 16-30. Concretamente, en *De ordine* (386), nos presenta la genealogía racional de las artes liberales en una escala ascendente cuyos peldaños siguen el siguiente orden: gramática; dialéctica; música; números, geometría y astronomía. Agustín, ciertamente, cita otras artes, pero como el caso de la medicina y la arquitectura a diferencia de Varrón las deja fuera. Los paralelismo existentes entre *De ordine* (386) y *De nuptis* (410-430) me hacen sospechar que Capella siguió a Agustín en el trazado de su trama, pues aunque no está claro que tuviera acceso al texto, es casualidad que fuera a fijar su residencia, precisamente, en Cartago, donde el joven Agustín fue profesor de gramática.

En cualquier caso, al margen de su número y orden de citación, el caso es que ambos autores fundamentarían, a su modo, la antigua idea de que hay unas artes liberales frente a otras artes que, por contraste, debían ser serviles si por liberales entendemos libres y no librescas al modo en que propusiera Casiodoro y que las serviles, estaban más vinculadas a los asuntos prácticos, al conocimiento técnico y trabajos manuales, parecer observado en tantos otros textos como en *De liberis educandis* de Plutarco (46/50-120) en sintonía con la idiosincrasia griega donde esta reminiscencia de corte aristocrático estaba arraigada desde tiempos homéricos, como también lo estaba un mayor cultivo de las artes que integrarían el trívium que el quadrivium desde Isócrates, extremo percibido sin dificultad con Quintiliano.

Quintiliano (35-95) fue un maestro de retórica y pedagogo hispanorromano cuyo prestigio en la materia, parejo al de Isócrates, le valió para que Vespasiano le confiara la primera cátedra oficial de retórica del imperio en Roma, cuyo cargo ocuparía veinte años. En sus *Institutiones oratoriae*, Quintiliano propone iniciar la instrucción del buen orador con gramática, sin descuidar conocimiento procedentes de las matemáticas, la lógica o la música a fin de pertrechar su discurso con la mejor retórica en aras de la óptima elocuencia. Ciertamente, este autor da cabida en la formación del educando a materias humanas diversas, pero en grado de saberes auxiliares de aquellas otras que, como la gramática o la dialéctica, le parecen más fundamentales incidiendo con ello en el sesgo aristocrático con que se percibían las distintas artes y oficios durante la Antigüedad. Con todo, debemos a Quintiliano que las futuras disciplinas del quadrivium y aun las del trívium, fueran bien consideradas, porque tal como se sucedían los acontecimientos con la patrística cristiana haciendo de las suyas para eliminar todo vestigio del paganismo poniendo todo su afán intelectual en el conocimiento de las *Sagradas Escrituras*, el recuerdo de su figura serviría para mantener vivas las brasas de un pasado esplendor, ensombrecido por momentos, aunque no sólo por la mencionada irrupción de la patrística, que acaso la misma fuera mero síntoma de una tendencia anticipada en el estoico Séneca.

Séneca (-4 – 65) el reputado filósofo hispanorromano tutor y consejero del emperador Nerón, en sus *Epístolas morales a Lucilio*, concretamente en la epístola LXXXIII se pronunció desfavorablemente para con las artes liberales a las que, aun distinguiéndolas de las serviles, no las apreciaba en demasía debido a que, a su parecer, poco o nada hacían al hombre más virtuoso, considerándolas únicamente, en la medida que las mismas ayudaran a dar pasos en dicha dirección. Como digo, todo un preludio de lo que estaba por llegar con la patrística cristiana. La turbadora presencia de Séneca en este asunto destaca, todavía más, al compararla con figuras predecesoras cercanas en el tiempo pero muy lejanas en su mentalidad como la de Vitruvio, Cicerón o Varrón, de las que paso a ocuparme.

Vitruvio (80- -15) este insigne arquitecto e ingeniero romano al servicio de Julio Cesar en celebérrima *Arquitectura* establece su particular elenco de disciplinas a dominar por un maestro constructor empezando por citar la geometría, además de, el dibujo, la historia, medicina, jurisprudencia, matemática y astronomía; en definitiva una educación integral.

Cicerón (106-43), este político, filósofo y orador romano en *De oratore*, da cuenta de las artes con que debe estar familiarizado todo buen gobernante y orador, a saber: la gramática, las matemáticas, la música, la retórica y la filosofía. Por algo Quintiliano le puso de ejemplo a seguir en sus *Institutiones*.

Varrón (116- -27) este lugarteniente de Pompeyo destaca en nuestro recorrido por ser, a falta de otros textos que lo refuten, el primer autor en contar a la arquitectura junto a la medicina entre las artes liberales, conformándose así en número de nueve engarzado con el cómputo arcaico de las nueve musas citadas por Hesíodo. De este hito tenemos noticia por comentarios y fragmentos de su obra perdida *Disciplinarum* (Libro IX). Pero, sabemos que Agustín tuvo acceso a los textos de Varrón y como vimos, algo le quedó del asunto, pues aunque en Agustín la arquitectura y la medicina quedarían fuera de las siete artes, sí las menciona como igualmente lo hace Capella.

Los motivos por los cuales esta propuesta de Varrón de elevar a nueve las artes liberales no prosperaría es difícil de determinar, pues, como se ha apuntado, su fijación en número de siete tardaría en alcanzarse, dado que tampoco las materias del trívium estaban del todo bien asentadas ni de ser contempladas dignas bajo una mentalidad de carácter aristocrático impresa a fuego en la tradición clásica, aunque es a Isócrates a quien se debió la preponderancia de los estudios de gramática, retórica y dialéctica, hasta bien entrada la modernidad.

Frente a esta tendencia ofrecerían contumaz resistencia los autores adscritos o próximos a la escuela pitagórica, con Platón a la cabeza, en su esfuerzo de reivindicar los conocimientos matemáticos y por extensión científicos.

Platón (-427 – 347) filósofo griego discípulo de Sócrates y maestro de Aristóteles cuya relevancia la expresaría mejor que nadie, Whitehead, para quien todo el pensamiento occidental no son más que notas a pie de página de los diálogos de Platón. Pues bien, las referencias concernientes al campo científico podríamos remitirlas al *Timeo*, empero, comoquiera que la cuestión aquí traída atañe más a consideraciones de índole pedagógico, sin duda es el Libro VII de la *República* donde presenta su programa educativo de marcada ascendencia homérico-pitagórica al iniciarse con los conocimientos musico-gimnásticos, para proseguir con formación matemática en sus diversas ramas de aritmética, geometría, astronomía y música; con el objeto de alcanzar el estudio de la filosofía. Fue gracias al contenido de sus páginas, que las disciplinas de corte científico-técnico pudieron mantener su perfil de artes liberales, aunque como hemos visto, sólo las citadas, quedando fuera saberes de enorme prestigio como la medicina o la arquitectura. Estas ideas perdurarían en gran medida gracias a la Academia fundada por Platón hacia el año -387, cuyas enseñanzas en Atenas se prolongarían hasta el 529 cuando fuera clausurada por el emperador Justiniano.

Poco más pudieron hacer el genio de Platón y la potencia mental de su discípulo Aristóteles en defensa de las disciplinas científico-técnicas que aportar su favorable testimonio ante una cultura como la griega en la que estaba arraigada la impronta aristocrática de negar nobleza a los saberes de carácter práctico, más ligados a su materialidad. Así se entiende, que fuera el modelo educativo de su condiscípulo, Isócrates, el triunfante de entonces hasta nuestros días.

Isócrates (-436-338) fue un político, orador y educador griego, seguidor de Gorgias. En el año -392 fundó una escuela de oratoria de gran renombre al incluir en sus estudios la ética, aspecto novedoso que lo destacaría de la competencia de las escuelas sofistas, sobresaliente distinción debida a la influencia ejercida por Sócrates del que también era discípulo. Su finalidad era regenerar la política para lograr una ciudad-estado con gobernantes virtuosos, meta a perseguir mediante la educación de los jóvenes. El éxito de su modelo educativo expuesto en *Contra sofistas* o en *Antidosis 172-292* atrajo a numerosos alumnos deseosos de formarse en gramática, dialéctica y oratoria en una sociedad donde participar en el ágora era algo fundamental para el ciudadano libre.

Pero esto no hubiera bastado para justificar la apabullante primacía de las ciencias concernientes al lenguaje sobre las disciplinas científico-matemáticas. La batalla entablada por los pitagóricos por convertir a los saberes científicos en el eje del conocimiento griego tuvo su reacción con los sofistas y el propio Isócrates quien, abiertamente, llegaría a desaprobar aquella paideia propuesta por Platón, pronunciándose contrario al estudio de ciencias en *Panatenacios 26-27* citando expresamente a la geometría y la astronomía.

Esta fue una clave de cuanto sucedido en Occidente desde entonces con el tema de las siete artes liberales, porque resulta que es en este mismo autor donde encontramos nítidamente la acepción de arte remitido a la retórica y su quehacer filosófico como apreciamos en *Contra los sofistas 9-10* y en *Antidosis 178*. Paradójicamente, en este autor no detectamos la división aristocrática entre saberes libres y serviles, antes al contrario, entiende como los mejores saberes aquellos que versan sobre lo práctico y tienen mayor utilidad; otra cosa, es de qué utilidad hablamos, si la del curso, o la del discurso.

Pitágoras (570-490) fue un filósofo que situaría a la matemática en la cúspide de los conocimientos contribuyendo con ello al desarrollo de la geometría, aritmética, astronomía y música, empero, también cultivaría la medicina, la filosofía y la política. Tras su paso por Egipto, se estableció en Crotona donde instauró una especie de comuna educativa con un perfil místico-esotérico, sello distintivo que impregnaría, tanto a sus conocimientos, como al carácter de la escuela pitagórica posterior integrada, entre muchos otros, por Filolao o Arquitas. Evidentemente, esta educación de carácter científico, pese a los desarrollos de la Escuela jónica con Tales de Mileto al frente, debió chocar frontalmente con los ideales de la formación del héroe-guerrero cantados en tiempos de Homero y Hesíodo, aunque para aquello, ya habían entrado en decadencia transformados en una educación de valores aristocráticos de los que hemos venido hablando.

Homero (siglo –VIII) Homero ha sido declarado «educador de Grecia» no sin motivo. Pero en Homero hallamos dos modelos educativos debido a que mientras en *Iliada* rememora idealizados los valores de del héroe-guerrero propios de una época perdida en la bruma de la historia, en la *Odisea* puede apreciarse la incipiente mentalidad del comerciante. Sea entonces, que en la *Iliada* se nos destila aquel programa donde los jóvenes se formaban en ejercicios gimnásticos, artes guerreras, pero llamativamente también, en el dominio del canto, de instrumentos musicales y la danza, elementos del refinamiento propios de la nobleza que debía responder de una parte al honor, cuanto a la virtud siendo enérgico en la respuesta de las afrentas pero mostrando prudencia y templanza para aplacar su ira, propósito para el cual, el niño quedaba a cargo de un tutor, modelo encarnado en Aquiles cuya educación le es confiada a Fenix responsable de prepararlo para el arte de la guerra, mientras en la *Odisea, se ensalza la astucia de Odiseo,* cuanto una nueva forma educativa encarnada en Telémaco, extremo este que se apreciará mejor con Hesíodo.

Hesíodo (siglo –VIII y siglo -VII) En *Los trabajos y los días*, Hesíodo ya presenta formalmente una nueva mentalidad propia del comerciante fundamentada en el valor del trabajo y los conocimientos para el desempeño de los oficios, sean estos marítimos o agrícolas. Pero la justificación de este autor en el final de estas líneas radica en que, si bien Homero en una ocasión hiciera mención de nueve musas, fue, Hesíodo, el primero en fijarlas en este número aportando sus nombres acompañándolas de lo más importante para nuestra investigación, a saber, las disciplinas por ellas auspiciadas, donde para nuestro asombro, no solo se cuentan la elocuencia, historia, poesía, tragedia, comedia, danza o música, que igualmente aparecen la astronomía y la matemática, bajo la protección de Urania representada con un globo terráqueo y un compás. Y aquí podría concluir este trabajo preguntándonos, por qué en el tránsito de las musas a las artes mutó el esquema con lo sencillo que hubiera sido, para todos, dejarlas en número de nueve dando con ello fácil cabida a la medicina y la arquitectura como pretendió Varrón, y por qué se dejó fuera a la arquitectura cuando la música tenía todas las papeletas para pasar a otro campo, el de las bellas artes junto a la pintura o la escultura, además de estar bien entroncada con la matemática. Todavía más incomprensible, cuando en tradiciones sapienciales quedará registrado en *Proverbios 9 1* redactados entre los siglos –IX y –IV, que «la Sabiduría ha edificado una casa y labrado siete columnas». En otras palabras, que lo dicho hasta aquí sólo nos coloca en el umbral de la respuesta que pretendíamos ofrecer. ⚒

OBRA RECOMENDADA

Jorge Rodríguez Ariza (Barcelona, 1984) es doctor en Historia del Arte por la Universitat Autònoma de Barcelona. Su tesis trató sobre el culto y el simbolismo de la Virgen negra. Es especialista en arte sagrado y simbología. Ha impartido durante cuatro años, como profesor asociado del Departamento de Arte y Musicología de la UAB, las asignaturas de Arte románico, Lectura de la imagen artística, Arte Romano y Arte Bizantino. Actualmente es profesor del Diploma de Mitología en el Institut Superior de Ciències Religioses de Barcelona. Desde hace una década trabaja en el Museo del Monasterio de Sant Cugat desarrollando proyectos para la investigación y la divulgación del lenguaje del arte medieval.

Ha publicado diversos artículos académicos en revistas especializadas y capítulos de ensayos sobre arte, simbología y tradición sagrada. Su último trabajo ha sido realizado para el libro colectivo *Ciencia y metafísica* (Ed. Ignitus/Sanz y Torres) coordinado por Javier Alvarado y Jacobo Núñez y lleva por título «Aproximación a la metafísica de la Escuela Tradicional y a su lenguaje».

Recientemente ha emprendido un proyecto que lleva por título *Symbolon Artis*, donde difunde sus estudios sobre simbología en diferentes soportes y ofrece formaciones y vistas guiadas (symbolonartis.com). Colabora en diferentes plataformas dedicadas al estudio y la divulgación del arte sagrado y la tradición, como la revista digital *Ars Gravis*, el Seminario de Pensamiento Hermético del Ateneu Barcelonés, la escuela Psicocymática o el Potcast «El Libro Rojo».

EL MEDIEVO
Y LAS
ARTES LIBERALES

Jorge Rodríguez Ariza

Presentación

Cuán seductora resulta para cada época la tabla rasa maquinada por John Locke. Y aunque ésta es una solemne mentira, lo cierto es que su hechizo domina allende la psicología humana y atrapa también a las sociedades merced a su sentimiento adanista. Pero la verdad es que, en historia, nunca empezamos de cero; no hay *tabula rasa*. Ni siquiera un eventual cataclismo generaría un verdadero vacío. El fruto de cualquier cosa lleva en sí su semilla.[1]

Para el enfoque de nuestro texto, esa semilla es la Tradición, la cual puede generar frutos muy diversos en las distintas civilizaciones y culturas; en múltiples lenguas y religiones. Lo que nos han legado los antiguos siempre es un punto de apoyo, un lugar de partida; incluso para aquellas sociedades que nacen precisamente sobre la negación de la herencia recibida. En este sentido, todavía hoy, y a pesar de las décadas de estudios serios y bien fundamentados, resulta más o menos fácil encontrar una negación frontal de la tradición del Medievo, la cual es percibida como una ruptura con el conoci-

---

[1] Otra cuestión es que en nuestra extraña época nos congratulemos de generar y comercializar frutas sin semillas.

miento, la cultura y la ciencia de la Antigüedad. Aquellas gentes violentas e incultas, destruyéndose a sí mismas en guerras infinitas y pestes interpretadas como castigos divinos, casi habrían destruido también el legado de los clásicos. Una barbarie de mil años que vino a ser redimida por el esplendor humanista del Renacimiento. Sobra decir que, junto a esa mirada prejuiciosa existe otra, igualmente injusta, que ha romantizado e idealizado aquel tiempo a partir de los anhelos del nuestro. Tal cosa tampoco es de recibo.

Parece que de extremos y polarizaciones va la cosa. ¿Seremos capaces, al menos, de mostrar que la justicia está en el medio? Pero no en ese medio en el que la historiografía ilustrada quiso colocar el tiempo que nos disponemos a estudiar: en medio del presupuesto esplendor de la Edad Antigua –casi siempre se alude a la Grecia de Pericles y a la Roma de Augusto– y del Renacimiento italiano –casi siempre se olvidan los tesoros legados por el Renacimiento nórdico–. No, ése no es el medio al que nos referimos. La Edad Media puede ser considerada verdaderamente una edad media si la asumimos como una época en la que la mayor parte de la actividad humana se desarrolla conscientemente entre el Cielo y la Tierra, esto es, en miras de la otra vida desde la presente. No sólo clérigos, monjes y eremitas, sino que toda la sociedad, también campesinos, burgueses y nobles, viven bajo esta cosmovisión. Parafraseando al gran historiador Manuel Riu, la vida de este mundo, el tiempo presente, no es más que una edad intermedia a la espera de la edad definitiva, cuando Cristo vuelva por segunda vez a instaurar el reino de Dios en toda la Tierra.[2] Acercarnos bajo esta premisa a la Edad Media nos garantiza una más profunda comprensión de cualquier aspecto concreto que abordemos de este periodo histórico. Tal es el caso de las artes liberales, asunto que ahora nos ocupa. Tales artes eran, en última instancia, un medio (usamos con toda la intención esta palabra) para conocer el Universo, las leyes que Dios dispuso en él, y lograr un acercamiento a los conocimientos superiores, aquellos que no sólo explican cómo funcionan las cosas, sino que también ofrecen un sentido a tales cosas que constituyen este mundo, un mundo que es imagen del Otro y que conviene saber leer.

A nuestro entender, la ordenación de ese conocimiento quedó perfectamente fijada bajo la poderosa intuición intelectual[3] de la figura del gran Hugo de San Víctor, una de las personalidades más brillantes del siglo XII. A su vez, la frescura de ese modo de pensar y meditar el mundo y sus misterios

---

[2] RIU, Manuel, *La vida, las costumbres y el amor en la Edad Media*, Barcelona, 1959, p. 8.

[3] Empleamos esta expresión tal cual proviene de la obra del metafísico franco-egipcio René Guénon, quien a su vez la toma del cardenal Nicolás de Cusa (1401-1464) y, en definitiva, de todos los autores tradicionales que, bajo una denominación u otra, se han hecho eco de este modo de abordar la realidad. La intuición intelectual es un conocimiento de orden metafísico, superior por lo tanto a la razón, que permite acceder de modo inmediato al conocimiento de los principios primeros.

visibles e invisibles prosperó y se sintetizó bajo ciertas iconografías surgidas durante aquella Baja Edad Media. Buenos ejemplos los encontraremos dentro del *Hortus Deliciarum* de la abadesa Herranda de Landsberg así como en ciertas figuras monumentales que todavía conservan algunas de las grandes catedrales góticas. Como si fueran enormes y sacras enciclopedias en piedra, éstas guardaban y exponían buena parte del conocimiento de su tiempo para quien deseara leerlo. Las artes liberales, evidentemente, gozaron de gran preeminencia en aquellas casas de la Sabiduría. Tendremos ocasión de verlo.

Sin embargo, antes de llegar a estas obras es menester recorrer un camino. Es imprescindible comprender que esos sublimes conocimientos no aparecieron de la nada, sino que son la herencia de un legado muy antiguo, probablemente y en cierto sentido tan antiguo como el Hombre mismo. Pero nosotros no iremos tan lejos, bastará con examinar los esfuerzos de preservación del conocimiento del mundo clásico durante el Medievo para después comprobar cómo aquel prospera desde los monasterios hasta las escuelas y las universidades de las ciudades medievales. Ésta es la propuesta: un viaje a la búsqueda de los lugares y personas que guardaron ese conocimiento y a quienes honramos y recordamos en estas líneas que siguen. Ellos son los maestros que configuran la cadena de transmisión de la que todavía hoy podemos formar parte.

Continuidad de la ciencia de los antiguos

Si asumimos que la Edad Media es el enorme lapso de va desde el siglo V al XV en la civilización occidental (sea lo que sea realmente esta expresión que aparece casualmente en el siglo XVI), nos encontramos con mil años de historia que, como es obvio, han dado lugar a épocas y culturas muy diferentes. Existe, sin embargo, un bajo continuo o, mejor dicho, un sabor común que tanto en el ámbito cristiano como en el islámico se percibe: el monoteísmo teocéntrico de origen semita que, habiendo absorbido ya buena parte de la cultura clásica (expresada en lenguas indoeuropeas), ha generado un mar inmenso cuyas costas se comunican en términos comerciales, sociales, bélicos y culturales. A pesar de las crisis hay continuidad. Aquellas gentes no se acostaron antiguas y se levantaron medievales. La prueba de esa continuidad es la preocupación por compilar y preservar lo mejor del conocimiento que los ancestros de aquella cuenca mediterránea habían generado. Y no sólo eso. También se glosó lo heredado. Y se analizó, se criticó, se matizó, se debatió… Es decir, se hizo lo que siempre se ha hecho para avanzar y prosperar en el conocimiento.

Asumiendo entonces la referida cronología, encontramos que el primer trabajo medieval de compilación de la cultura de los antiguos viene del poeta, jurista y filósofo argelino Marciano Capella,[4] quien en el siglo V escribió *De nuptiis Philologiae et Mercurii* («Sobre el matrimonio de Filología y Mercurio»). La obra también es conocida como *De septem disciplinis* («Sobre las siete disciplinas»). Se trata de un esfuerzo literalmente enciclopédico, expresado mediante diálogos profundamente alegóricos y poéticos, que busca ordenar la cultura clásica de su época.

El siguiente compilador fue el romano Boecio (480-524), el célebre sabio cristiano que, durante el año que pasó en prisión a la espera de su ejecución, escribió *Consolatio Philosophiae* («La consolación de la Filosofía»), obra que gozará de un gran predicamento durante toda la Edad Media. Se trata de un diálogo entre el propio Boecio y Filosofía, un personaje alegórico femenino que se le manifiesta en un sueño para aclararle el problema del destino, de por qué los malvados obtienen recompensas en este mundo y no así los justos como él. Esta excelente dama consuela a Boecio, mostrándole razonadamente la naturaleza transitoria de la riqueza, la fama y el poder y la superioridad máxima de las cosas de la mente, que ella denomina «el único y verdadero bien». Filosofía hace entender a Boecio que la auténtica felicidad viene del interior y que la virtud es todo lo que realmente se tiene porque no está en peligro por las vicisitudes de la fortuna. Se debe, pues, servir y honrar a la dama Filosofía y no a las cosas vanas y efímeras. En el transcurso de esta visión Filosofía le presenta a las artes liberales, que son una ayuda excelente para el conocimiento de la filosofía y que forman parte de la sanación del alma de Boecio. Estas artes se dividen en un primer terno que incluye Gramática, Lógica (o Dialéctica) y Retórica, y, en segundo lugar, un cuarteto compuesto por Aritmética, Geometría, Astronomía y Música.

Boecio es así uno de los principales preservadores de la cultura antigua, la cual generó el caldo de cultivo perfecto para verdaderos periodos de esplendor cultural. Casiodoro, amigo y colaborador personal del sabio romano, se encargó por su parte de preparar su *Institutiones divinarum et saecularium litterarum* («Educación en las letras divinas y humanas»), que recoge buena parte del saber de su tiempo y que está inspirado en la obra de su maestro así como en la de otros autores antiguos. Cabe señalar que las artes liberales reciben un tratamiento muy desigual en esta obra, ya que la retórica y la dialéctica ocupan más de la mitad del texto, acaso porque la formación de Casiodoro es eminentemente romana. Aun así, el conocimiento teórico de las artes liberales llega a los lugares donde este libro tendrá influencia, como por ejemplo la escuela del monasterio de Vivers, donde se organizó una importante tarea de copia y difusión de libros.

---

[4] Según Casiodoro, Marciano Capella era oriundo de Madaura (Provincia Romana de África), pero esto no es seguro. Tampoco queda del todo clara la filiación religiosa de Capella, si bien puede situarse dentro de los ambientes neopitagóricos y platónicos de su tiempo.

Sobre esta difusión del saber resulta particularmente interesante atender el caso de los territorios ibéricos en el siglo VII, lo cual nos conduce a presentar a otro de los grandes sabios-compiladores de la cultura occidental: Isidoro de Sevilla (599-636). El gran erudito y políglota hispano perfeccionó y superó todos los intentos previos de compilación de conocimiento en sus *Etymologiae* («Etimologías»). Isidoro mantuvo el patrón boeciano de las artes, pero extrayéndolo posiblemente de la antes mencionada obra *De nuptiis Mercurii et Philologiae*, de Marciano Capella. En sus *Etymologiae*, el obispo sevillano dedica los tres primeros libros a las artes liberales: en el Libro I, titulado *Trivium*, expone la gramática (incluida la métrica); en el Libro II, consagrado también al *trivium*, su autor se centra en la retórica y la dialéctica; y el Libro III, dedicado al *Quadrivium*, aborda las matemáticas, la geometría, la música y la astronomía.

La difusión y la influencia de la obra isidoriana fueron formidables. Asumimos que hubo, al menos, diez mil copias de sus *Etymologiae* repartidas por todo Occidente. Ciertamente, su autor mereció la admiración de grandes intelectuales durante siglos. Uno de ellos, Beda el Venerable, nos sirve para seguir conociendo los eslabones de esta cadena que sirvió para la preservación y continuidad de los conocimientos de los antiguos durante esta primera época del Medievo. El monje benedictino Beda (*c.* 672-735) fue un gran erudito inglés al que hoy se le recuerda especialmente por su *Historia ecclesiastica gentis Anglorum* («Historia eclesiástica de la nación inglesa»). Sin embargo, sus trabajos son múltiples, y las fuentes a las que acudió para elaborarlos, muy variadas. Empleó la obra de autores como Eutropio, Solino o Flavio Josefo. El poso antiguo aún seguía vivo y así fue transmitido a la importante escuela que este sabio inglés generó. Entre sus discípulos destaca de forma especial la figura de Alcuino de York (*c.* 740-804), un importante teólogo, gramático, matemático y filósofo que se encuentra detrás del esplendor cultural de la época del emperador Carlomagno.

El Rey de los francos conoció en Parma al monje Alcuino, con quien trabó una importante relación intelectual y de amistad durante años. Fruto de este providencial encuentro nació la Escuela Palatina de Tours y luego la de Aquisgrán, focos culturales sin parangón del renacimiento carolingio. Gracias a la influencia de Alcuino y al docto círculo de hombres que rodeaba a Carlomagno, los clásicos volvieron a brillar con fuerza y las siete artes liberales devinieron el fundamento de la educación superior occidental, no sólo en los monasterios, sino también en los estudiosos civiles. Es precisamente en este momento cuando se fijó definitivamente el currículum de los estudios de las artes liberales, quedando éstas perfectamente ordenadas en las dos grandes etapas que todavía hoy recordamos: *trivium et quadrivium*. El *trivium* (lógica, gramática y retórica) aborda la veracidad, la coherencia y la belleza del lenguaje de expresión. El *quadrivium* (geometría, astronomía, aritmética y música) proporciona el contenido intelectual que necesita expresión; de ahí la necesidad de respetar el orden de aprendizaje establecido por estas artes liberales. Cabe señalar que en este contexto la palabra «liberal» sigue significando aquella actividad (no manual o mecánica) dirigida no al beneficio económico, sino a la construcción del espíritu libre, aquel capaz de remontar el vuelo hacia el verdadero conocimiento.

Si bien este esplendor al que nos hemos referido duró lo que duró la vida del mecenas imperial, lo cierto es que el precedente cultural ya estaba bien instalado y el ejemplo de lo que debe ser un monarca también. Carlomagno era el paradigma del gobernante piadoso que ama no sólo la justicia y la paz, sino también la cultura. Los gobernantes posteriores intentarán imitarlo y concederán valor y protección a las diferentes escuelas más allá de los muros de la clausura. Sin embargo, los vientos de la Historia volvieron a llevar la mayor parte de ese conocimiento a los monasterios que, como arcas, conservaron como habían hecho siempre las herramientas para alcanzar la verdad. Veremos más adelante, sin embargo, que esto presenta algunas excepciones interesantes nacidas de la desconfianza que los antiguos, por ser paganos, generaban en algunas autoridades religiosas.

En torno al año 1000

Esta bisagra de la Historia está marcada, en el ámbito cristiano, por la fascinante personalidad del primer Papa francés de la Iglesia: Silvestre II. De nombre Secular Gebert de Aurillac, el futuro pontífice ingresó en la abadía de San Geraldo de Aurillac, donde estudió gramática, retórica y dialéctica, las tres disciplinas que constituyen el *trivium*. En el año 967, Gebert viajó a la corte del conde de Barcelona Borrell II, donde permaneció tres años en el monasterio de Santa María de Ripoll, uno de los epicentros culturales más importantes de su tiempo que gozaba de una enorme biblioteca y de uno de los *scriptoria* más potentes. Se asume, aunque no se tienen pruebas definitivas, que Gebert viajó en aquel tiempo a Córdoba y Sevilla, donde pudo entrar en contacto con la ciencia que atesoraba el Islam y estudiar matemáticas y astronomía, dos de los escalones que ascienden por el *Quadrivium*. En aquel entonces ya existía y estaba disponible para los círculos intelectuales la obra de Al-Farabi (*c.* 870-950) *El catálogo de las ciencias,* libro dividido en las siguientes cinco partes: «Sobre la ciencia del lenguaje»; «Sobre la utilidad de la lógica»; «De la ciencia de las matemáticas»; «Sobre la ciencia física y la ciencia metafísica»; «Sobre la ciencia política, la ciencia del derecho y la teología».[5] Podemos asumir que el futuro pontífice tuvo acceso a esta obra y a otras tantas que le ayudaron en su camino hacia el conocimiento.

La preocupación por la cultura que demostró este intelectual, especialmente cuando fue ascendido al papado, resultó un magnífico catalizador para la preservación y la práctica de las artes liberales. Él mismo se aplicó en dominarlas mediante la invención, por ejemplo, de monocordios, sistemas taquigráficos y un nuevo ábaco. Sin embargo, para las mentes obtusas de aquel tiempo, tal profusión de conocimientos en una única persona resultaba algo sospechoso. Y como es de esperar en tales casos, envidia mediante, se comenzó a especular sobre el origen oscuro de tales ciencias, hasta el punto de asegurar que fue el Demonio mismo quien había concedido a Gebert tales saberes a cambio de su alma. Estas sospechas y reticencias ante el conocimiento deben ser tenidas también en cuenta porque, aunque injustificadas para nosotros, son hasta cierto punto, naturales y comprensibles. En efecto, la desconfianza ante los autores paganos aparecía de vez en cuando en ciertos climas intelectuales del Medievo. La alta ciencia de aquellos no era nada si se la comparaba con la Revelación que los cristianos habían recibido. En este sentido resulta paradigmático el caso de la Orden de Cluny.

El medievalista Georges Duby expone cómo en el siglo XI los cluniacienses reaccionaron en contra del trabajo intelectual del monje. Si bien no cerraron las bibliotecas ni las escuelas, los ejercicios de lectura se centraban básicamente en los Padres de la Iglesia: «Después del año 1000 los abades de Cluny trataron incesantemente de evitar que sus hijos frecuentasen a los clásicos paganos, poniéndose en guardia contra los riesgos de infección espiritual que acechaban al monje cuando se complacía leyendo los poemas de Roma [...] de las tres artes del *Trivium* al monje no le parecían necesarias ni la retórica –¿de qué le serviría la elocuencia al que vive en silencio y se expresa casi siempre por gestos?– ni la dialéctica, ciencia del razonamiento completamente inútil para la clausura donde no se necesita ni discutir ni persuadir. Para la formación del monje sólo es necesaria la gramática. Pero ¿debe exponerse por esto a las seducciones nocivas de las letras profanas? ¿No le bastan para conocer el sentido de las letras latinas los repertorios, como las *Etimologías* de Isidoro de Sevilla?».[6]

Esta actitud paternalista de *proteger* a los hijos pidiéndoles que no lean aquello que los abuelos sí leyeron y por lo cual fueron tan sabios es algo que todavía se da en nuestros días, casi no es menester decirlo. En el caso de los monjes, como apunta un poco más adelante Duby, las sutilezas de la razón y los atractivos de un hermoso lenguaje no son aquello que permite a un reli-

---

[5] Cf. ALFARABI, *Catálogo de las ciencias*, Valladolid, 2008.
[6] DUBY, Georges, *La época de las catedrales. Arte y sociedad. 980-1420*, Barcelona, 1999, pp. 92 y 93.

gioso prosperar en el verdadero conocimiento, sino el silencio.[7] Lo interesante es que esto último es verdad; lo triste es que es una actitud perversa la que a menudo dice esas verdades. Es evidente que el silencio es el gran maestro, más aún cuando la meta es la divina luz. Pero a esa certeza no se llega por imposición, antes hay un camino que recorrer, y ése es el *trivium* y el *quadrivium*; después la Teología. ¿Y después? Después existen otras disciplinas que conducen al silencio, pero no a uno que es como aquel primer silencio, propio de los aprendices, sino al Gran Silencio, aquel que se manifestó (si podemos expresarnos así) en el Gólgota, cuando el Mesías Jesús le hizo una última pregunta al Padre.

El esplendor del siglo XII

Volviendo a nuestro viaje a través de la Historia conviene dar ahora un pequeño salto y adentrarnos ya en uno de los momentos de máxima riqueza cultural de Occidente: el siglo XII. En aquel tiempo los monasterios dejan de ser los únicos centros para albergar a la sabiduría, y los núcleos urbanos comienzan a generar una cultura de gran calado propia y nueva. Es justamente en las escuelas catedralicias donde se va a desarrollar la escolástica, una nueva corriente teológica y filosófica que buscó comprender y explicar las revelaciones sobrenaturales del cristianismo manteniendo integradas la razón y la fe.

Allende el *trivium* y el *quadrivium*, la Escolástica recurrió a otras muchas formas de conocimiento apoyándose también en la ética, la teología, la cosmología, la metafísica o la psicología. Para cumplir con este exigente repertorio de ciencias, los escolásticos tenían un gran apoyo en las ciencias provenientes de la antigua cultura grecolatina, en particular en aquella derivada de Aristóteles.[8] Esta nueva escuela teológico-filosófica presentaba tres fases en su sistema de aprendizaje: la *lectio* (lección-lectura), la *quaestio* (cuestión) y la *disputatio* (discusión-debate).

A pesar de la eclosión del pensamiento escolástico y su implementación en las recién aparecidas universidades, es evidente que sigue habiendo continuidad con el saber monástico. De hecho, la escolástica que se cultivó en las escuelas catedralicias fue ideada por un monje que, aunque luego será arzobispo de Canterbury, tenía sus raíces intelectuales bien hundidas todavía en los silenciosos *scriptoria*. Se trata del muy célebre san Anselmo (1033-

---

[7] *Ibid.*, p. 93.

[8] Aunque la recuperación de Aristóteles dentro de la escolástica pertenece a una fase algo posterior, es sin duda un elemento central. Al principio su recuperación es indirecta y llega a través de los filósofos judíos y árabes, especialmente Averroes, pero en seguida su obra fue traducida del griego al latín por Alberto Magno y por Guillermo de Moerbeke, secretario de Tomás de Aquino, el maestro escolástico por antonomasia.

1109), autor de los tres libros pilares del pensamiento escolástico: *Cur Deus Homo*, el *Monologion* y el *Proslogion*. A pesar del firme precedente intelectual que supone su obra, san Anselmo no fue reconocido en aquel entonces por los maestros escolásticos de las escuelas catedralicias por ser, precisamente, un monje, esto es, un perfil intelectual supuestamente alejado de las nuevas realidades nacidas en los núcleos urbanos. Debemos insistir en que, a pesar de estas aparentes oposiciones, lo cierto es que todo ambiente cultural genuino es permeable y la ciencia de los monasterios llega a las catedrales y viceversa. De ahí el esplendor del siglo XII, fruto del encuentro de las grandes sedes episcopales urbanas y de la cultura monástica. En París, por ejemplo, la quintaesencia del saber se encuentra todavía en el estudio de las siete artes liberales. Así lo testimonia el canónigo Guy de Bazoches (*c.* 1203) cuando, describiendo la *cité* de París y su escuela episcopal, escribe que «en esta isla es en donde las siete hermanas, es decir, las artes liberales, se han construido una morada eterna […] allí es donde la fuente de la doctrina saludable se extiende con abundancia».[9]

Así pues, en el siglo XII, los antiguos son revisados una y otra vez; sean estos monjes, padres de la Iglesia o sabios paganos. Ésta es la clave. Lo expresó perfectamente el abad san Bernardo de Clairvaux (1090-1153) en su célebre frase «somos enanos encaramados a las espaldas de los gigantes; por eso vemos más y a más distancia que ellos». De hecho, no es de extrañar que esta frase esté aún presente, desde aquel tiempo, en una de las vidrieras de la catedral de Chartres.

Así pues, las ancestrales formas de acceder al conocimiento que habían practicado los monjes a partir de la preservación de las obras de los antiguos se ven también enriquecidas en las escuelas de las ciudades. Decía con buen juicio el poeta Pierre de Blois (*c.* 1135-1203) que «no se pasa de las tinieblas de la ignorancia a la luz de la ciencia nada más que si se lee de nuevo, con un amor cada vez más vivo, las obras de los antiguos. Que ladren los perros, que gruñan los puercos, yo por eso no dejaré de ser un sectario de los antiguos. Para ellos serán todos mis cuidados y el alba, cada día, me encontrará dedicado a su estudio».[10]

Volvamos a la catedral de Chartres y a su excelsa escuela, allí el estudio de las artes liberales está a punto de dar un paso importante de la mano del maestro Thierry de Chartres, llamado también el Bretón (1100-1150). Este eminente teólogo y filósofo es autor del *Heptateuchon*, una extensa obra concebida como una antología enciclopédica de todos los textos curriculares para que pudieran leerse según el orden que establecen el *trivium* y el *quadrivium*. Contiene, en total, una cincuentena de libros de texto que tratan de

---

[9] Cita en LE GOFF, Jacques, *La Baja Edad Media*, Madrid, 1990, p. 146.
[10] *Ibid.*, p. 147.

las artes liberales, incluidas las principales obras de Donato y Prisciano. Thierry presenta aquí la sabiduría y la elocuencia como instrumentos indispensables para la investigación filosófica cuyo propósito es ni más ni menos que explicar el orden de la realidad.[11]

El siglo XII vio nacer también nuevas abadías a la luz del conocimiento que la época manifestaba. Uno de los casos más paradigmáticos fue la Escuela de la abadía agustina de San Víctor, situada muy cerca de los muros de la ciudad de París y fundada por el maestro Guillaume de Champeux (*c.* 1070-1121), apodado «Doctor columna de doctores».

Siguiendo su estela encontramos a grandes figuras de la intelectualidad de la Baja Edad Media. Nos interesa de modo particular la figura del maestro Hugo de San Víctor (*c.* 1096-1141), quien llegará a ser prior de esta gran abadía. Bajo su rigurosa supervisión, el maestro victorino ofreció a sus discípulos un enfoque coherente y estructurado del aprendizaje a través del cultivo de la virtud personal, que es el área en la que se debe aplicar el conocimiento. Esto se ejemplifica de modo eminente en una de sus obras más célebres: el *Liber Didascalicon*, que puede traducirse como «Libro Pedagógico» o «Libro de la enseñanza» y cuyo subtítulo es *Sobre el arte (o el afán) de leer.*[12]

Según apunta el mismo maestro Hugo en el prólogo de su obra, el *Didascalion* es un itinerario espiritual en el que el aprendizaje es entendido no como un mero saber teórico, sino como un autoconocimiento. El estudiante que ha escogido libremente buscar la Verdad mediante el itinerario que propone el *Didascalion* debe asumir que se le va a exigir un verdadero y comprometido esfuerzo[13] y que su vida va a estar consagrada totalmente a esta empresa. El tratado del maestro Hugo es una vía segura para tal aventura merced al orden del conocimiento que se establece en el texto; un orden jerárquico en el sentido estricto, esto es, un orden sagrado que el estudiante acometerá mediante la lectura y la meditación constantes. Sin embargo, no cualquiera puede culminar con éxito el camino propuesto. El mismo Hugo de San Víctor establece en el tercer libro de su tratado cómo deber ser el *ethos* del aprendiz que quiera verdaderamente mantenerse en el esfuerzo: humildad, constancia, tranquilidad, silencio, frugalidad y exilio.

El aprendizaje, tal y como lo plantea el maestro Hugo, resulta un recorrido inverso al de la degradación ontológica del alma, la cual se mueve en un tra-

---

[11] Cf. BLOCH, David, *John of Salisbury on the Aristotelian Science*, «Thierry of Chartres's Heptateuchon», Turnhout, 2012, pp. 207-209.

[12] Encomiamos al lector a acercarse a esta obra a través del estudio preliminar efectuado por Carmen Muñoz Gamero y María Luisa Arribas Hernáez para la edición preparada por la BAC: SAN VÍCTOR, Hugo de, *Didascalicon, de studio legendi*, Madrid, 2011.

[13] El término árabe *yihad* se ajusta perfectamente a esta idea del esfuerzo que plantea el *Didascalion*. Se trata de un esfuerzo en el camino de Dios que debe distinguirse radicalmente de la guerra armada, cuya palabra en árabe es *qitâl*.

yecto que va desde la experiencia de las cosas materiales y mudables a la Fuente espiritual del Ser. Así, lo que el amigo de la sabiduría va integrando en su aprendizaje no tiene otro fin más que el de reestablecer la naturaleza humana. Quien persevere en el método propuesto y en el orden establecido de los conocimientos, pasará de la actual corrupción humana a una forma de estar en el mundo que le permitiría recibir la Gracia de Dios y, por ende, el entendimiento de las Verdades Eternas. En las primeras fases del recorrido que emprende el estudiante, las artes liberales juegan un papel fundamental, puesto que permiten conocer y comprender este mundo y predisponen, por lo tanto, a conocer el otro. Así debe ser el orden y no se debe quebrar. En esta teología de corte neoplatónico propuesta por el maestro Hugo, la unificación de lo múltiple en lo Uno se expresa en la multiplicidad de las artes, ciencias, técnicas y conocimientos unidas bajo la mirada del estudiante, que en ellas contempla el saber adquirido que es, de algún modo, el anticipo de la beatitud celestial que consistiría en la pura contemplación de la Gloria de Dios.

Síntesis iconográfica. El arte habla de las artes

Son muchos más los tratados que recogen buena información y doctos conocimientos sobre las artes liberales en la Edad Media. Sin embargo, el acercamiento que hemos efectuado dentro de los márgenes de este artículo es suficiente para comenzar a entender su valor. Quisiéramos ahora abordar la cuestión de estas artes desde las artes mismas, pero no desde las liberales, sino desde las mecánicas, esto es, desde la pintura o la arquitectura. Un par de hermosos ejemplos bastarán para que el lector no familiarizado con estos asuntos descubra la rica vigencia de tales conocimientos bajo unas formas deliciosas y sutiles que, de nuevo, espantan a los fantasmas del supuesto oscurantismo medieval.

La primera obra que deseamos presentar es el *Hortus Deliciarum* («Jardín de los Deleites»), compuesta entre los años 1167 y 1185. La mayor parte de la obra es una compilación de los saberes del siglo XII en la que abundan las fuentes clásicas y árabes. La enorme empresa fue acometida por la abadesa Herranda de Landsberg, quien concibió el libro como una enciclopedia pedagógica para las jóvenes novicias del convento de Mont Sainte-Odile. El manuscrito original no ha sobrevivido, pero podemos reconstruir buena parte de su contenido –en particular sus imágenes– a partir de diversas copias realizadas algunas décadas antes de la destrucción del documento original.[14]

---

[14] En 1870 el manuscrito fue quemado y destruido cuando la biblioteca del Temple Neuf en Estrasburgo fue bombardeada durante el Sitio alemán de Estrasburgo. Christian Maurice Engelhardt copió las miniaturas en 1818 y el texto fue copiado y publicado por Straub y Keller entre 1879 y 1899.

EL MEDIEVO Y LAS ARTES LIBERALES

Una de esas copias que nos permiten conocer esta obra maravillosa presenta un diagrama muy interesante (FIG. 1). En el centro del círculo principal se sitúa una personificación de la Filosofía que, mayestática y regia, domina la composición. Lleva una corona con tres cabezas identificadas como *ethica*, *logica* y *physica* (una división platónica tradicional de la filosofía que era común en la Alta Edad Media). La filacteria que sostiene dice: «Toda sabiduría viene del Señor Dios; sólo los sabios logran lo que desean». A la derecha de la Filosofía hay una inscripción que dice: «siete corrientes de sabiduría, llamadas las Artes Liberales, fluyen de la Filosofía». Esas siete corrientes, como ríos de agua, están representadas saliendo del pecho de la Filosofía y están inspiradas por el Espíritu Santo.

Fig. 1

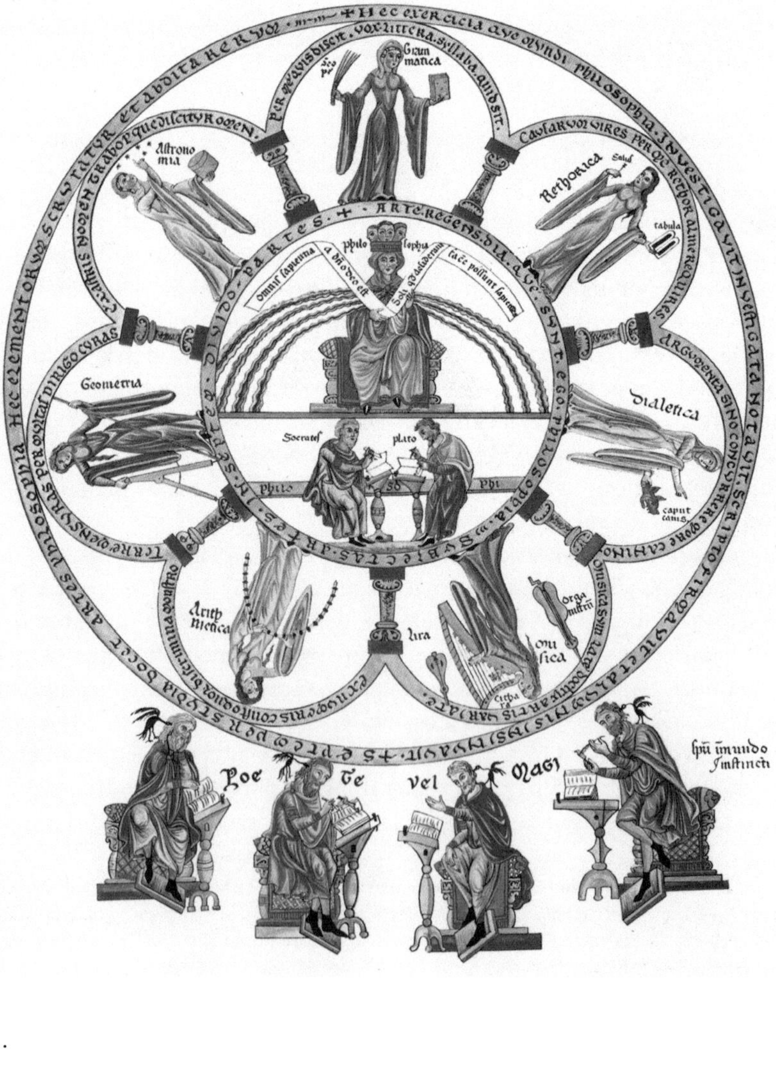

A su izquierda, la inscripción afirma que el Espíritu Santo inspiró a estas siete artes liberales: gramática, retórica, dialéctica, música, aritmética, geometría y astronomía. Por su parte, la leyenda del círculo interior dice: «Yo, la Filosofía divina, establezco siete artes que están subordinadas a mí; por ellas controlo todas las cosas con sabiduría».

Debajo de Filosofía, sentados en sus escritorios, encontramos a Sócrates y Platón, identificados como aquellos eruditos de los gentiles y los sabios del mundo pre-cristiano que enseñaron por primera vez la ética, la filosofía natural y la retórica. Alrededor del círculo se disponen las artes liberales, como si fueran emanaciones y consecuencias de la Sabiduría. Son representadas como figuras femeninas, cada cual con sus atributos iconográficos y enmarcadas bajo unos arcos llenos de inscripciones que sirven para entender mejor el carácter de cada personificación.

Semejante al diagrama del *Hortus Deliciarum* es la enorme composición que presenta el gablete del pórtico lateral norte de la Catedral de *Notre-Dame-de-l'Assomption* en Clermont, Francia (FIG. 2). Existen, sin embargo, algunas diferencias significativas que van más allá del soporte material. Las alegorías de las artes liberales vuelven a presentarse en forma circular, dentro de un florón gótico hexalóbulo. Tal cosa resulta extraña ya de entrada, puesto que las artes liberales no son seis, sino siete. A poco que nos acerquemos encontramos la respuesta: en este caso el centro no está dominado por la Filosofía sino por la Geometría, una de las «siete hermanas». Ésta es la primera diferencia respecto al esquema que hemos conocido antes.

Fig. 2

Una de las siete parece tener preeminencia sobre las demás. ¿Cuál sería la razón? No podemos saberlo con exactitud, pero es verosímil pensar que una obra arquitectónica debe tener en el centro de estas artes a aquella que más estrechamente se relaciona con ella. Ciertamente, la geometría es la madre de la arquitectura.

Otra cuestión de interés es que las alegorías ya no son damas, sino figuras masculinas. Esto supone un cambio en la tradición iconográfica románica previa, donde se mantuvo siempre la imagen femenina para manifestar la gran mayoría de las cosas que tenían que ver con el alma del ser humano: vicios, virtudes o lo que fuere. En el caso de las artes, es el alma la que las practica y, por lo tanto, su expresión es femenina. En el arte gótico ya no se pone tanto el acento en esta cuestión sino que, probablemente, se literaliza el tema y las alegorías son presentadas mediante las figuras de aquellos que practican tales artes. Ciertamente, con la aparición de las universidades y las escuelas catedralicias en el siglo XIII y especialmente en el XIV, la alta cultura salió de las clausuras monásticas y arraigó en las ciudades; ya no eran monjes y monjas las únicas personas que podían acceder al alto conocimiento… Ahora los laicos también podían tenerlo. Pero sólo si eran varones. En efecto, las mujeres tuvieron vedado el acceso a las universidades.

Los vientos de la historia seguían soplando fuerte y cambiando de dirección. Sin embargo, la Santa Sabiduría sabe adaptarse a toda circunstancia y llegar a quienes de verdad la desean y le rinden culto. Exponer esos vericuetos casi subterráneos que empleó la Dama Sabiduría nos llevaría muy lejos y excedería con creces los parámetros de este artículo. Sin embargo, no podíamos dejar de señalar esa puerta entreabierta, la misma por la que han podido pasar ciencias y conocimientos que en nuestros días parecen proscritos de los planes educativos y de las más prestigiosas universidades. Pero esto, como decimos, es ya otra historia. ⚒

BIBLIOGRAFÍA

ALFARABI, *Catálogo de las ciencias*, Valladolid, 2008.

BLOCH, David, *John of Salisbury on the Aristotelian Science*, «Thierry of Chartres's Heptateuchon», Turnhout, 2012.

DUBY, Georges, *La época de las catedrales. Arte y sociedad. 980-1420*, Barcelona, 1999.

LE GOFF, Jacques, *La Baja Edad Media*, Madrid, 1990.

RIU, Manuel, *La vida, las costumbres y el amor en la Edad Media*, Barcelona, 1959.

SAN VÍCTOR, Hugo de, *Didascalicon, de studio legendi*, Madrid, 2011.

Ciencia y Metafísica

Javier Alvarado
Jacobo Nuñez
(coordinadores)

Ignitus

sanz y torres

Luis Antonio Muñoz es músico, investigador y director musical. Es también coach de voz, locutor de los programas de Radio Clásica El sonido del tiempo, Por humor a la música y colaborador en Sinfonía de la Mañana, así como director de los cursos «Conoce la música», «Conoce la ópera» e «Historia oculta de la música».

Desde 1994 dirige Camerata Ultreia —grupo con el que realiza conciertos y proyectos de investigación—. Ha compuesto música para cine y teatro como La Regenta (Teatros del Canal), El hogar del monstruo (Centro Dramático Nacional) y PIIGS (Royal Court Theatre).

Su discografía se compone de más de treinta grabaciones, entre las que destacan las Cantigas de Santa María de Alfonso X o música con instrumentos diseñados por Leonardo da Vinci, gran parte con el grupo Música Antigua de Eduardo Paniagua. Ha pertenecido como cantante a formaciones prestigiosas como el Coro Nacional de España, el Coro de RTVE y el Coro de la ORCAM.

Es autor de *Historia oculta de la música*, *Homo musicalis* y *La partitura de la reina* (novela) publicados con éxito en Esfera de los Libros, Colabora ocasionalmente con distintos medios especializados como SER Historia o MUY Interesante, así como en podcast de gran prestigio como Radio El Respeto, La Escobula de la Brújula, Esto es otra Historia o Días Extraños.

(es.wikipedia.org/wiki/Luis_Antonio_Muñoz)

LA
MÚSICA
Y LAS
ARTES LIBERALES

Luis Antonio Muñoz

En el año 2022 terminé de dar forma a la que resultó ser mi segunda publicación titulada *Homo musicalis: una historia de la evolución musical y la inteligencia humana.* Y durante el proceso de investigación y escritura pude enfrentarme a algunas de las materias que son objeto de estudio de este artículo. El tema principal se centraba en torno al proceso formativo de la inteligencia humana y su relación con la música. Y lo hice en la línea de otras obras anteriores y autores que me habían fascinado como *Musicofilia* (Oliver Sacks), *Una breve historia de casi todo* (Bill Bryson) y *Homo ludens* (Johan Huizinga). También tomando como referencia conceptos como el *Homo faber* de Henri Bergson o el *Homo aeconomicus* asociado con la teoría de John Stuart Mill. Libros o ideas que me dieron una visión de conjunto a la que traté de unir algunos ejemplos de mi experiencia personal con la práctica de la música. A esa asociación con aspectos derivados del funcionamiento del cerebro uní los contenidos desde otra mirada complementaria, la de Historia Oculta de la Música, que había publicado dos años antes. Y cuando me llegó el encargo para este artículo pensé que podría plasmar en él algunas ideas de ambas obras y que se hallan diseminadas en algunos de sus capítulos. Espero que te agraden.

La música, como una de las expresiones artísticas más antiguas y universales, ocupa un lugar central en el estudio de las artes liberales. Una ciencia y un arte que ha sido un componente esencial desde la Edad Media, en la que las siete artes liberales servían como base para el desarrollo intelectual. A saber: el *trivium*, relacionado con el lenguaje a través del estudio de la gramática, la dialéctica y la retórica; y el *quadrivium*, cuya materia de estudio principal era el estudio de las matemáticas y sus disciplinas «prácticas», como la aritmética, la geometría, la astronomía y la música. Pero en una lectura de la contemporaneidad, no podemos obviar que frente a este esquema antiguo, se han ido incorporando a lo largo de los años nuevos campos de estudio, como la filosofía, con sus tres principales ramas: la lógica, la física y la ética. Todo un camino recorrido por el saber, hasta que en el mundo moderno se hizo necesaria una división entre las ciencias naturales y las artes liberales, debido a la aplicación de las nuevas lógicas derivadas del desarrollo de lo que conocemos comúnmente como «método científico».

Por eso vamos a tratar de argumentar en las siguientes líneas la importancia de esa relación interdisciplinar, analizando su papel en la formación académica y en el desarrollo del pensamiento crítico y creativo. Y trataremos de hacer ver que la música no solo enriquece el entendimiento cultural y emocional, sino que actúa como un puente entre campos del conocimiento actuales, fomentando una comprensión holística del ser humano.

I. Orígenes históricos de la relación entre música, ciencia y filosofía

Si viajamos hasta los orígenes del asunto, podríamos argumentar que desde la antigüedad griega, las artes liberales han constituido siempre una especie de marco educativo para el desarrollo integral del individuo, agrupando todas las disciplinas citadas. Dentro de este contexto histórico y social, la música ha desempeñado siempre un rol fundamental, no solo como expresión artística sonora desprovista de sentido práctico, sino también como ciencia, con beneficios reconocibles y aplicables en niveles personales y grupales. En este sentido, en aquellos años siglos lejanos, la música se estaba fuertemente enraizada entre principios matemáticos que combinaban la sabiduría antigua, la magia con la búsqueda de la belleza estética como producto de la acción sobrenatural o divina, según los casos. Pero si la música engarza perfectamente con la matemática o la literatura, algo similar ocurre con el pensamiento filosófico. La filosofía es una disciplina que examina las preguntas más fundamentales sobre la vida, el ser y el conocimiento. Y se combina con la música en un lenguaje privilegiado que permite explorar estas cuestiones desde una perspectiva estética, emocional y trascendental. Se trata, por tanto, de una relación profunda y multifacética, pues ambas disciplinas se entrelazan en su búsqueda de comprender y expresar aspectos fundamentales de la existencia humana sobre la estética, la moralidad y la naturaleza de la existencia.

Sabemos que en Grecia, los filósofos reflexionaron sobre la música no solo como una forma de arte, sino como un fenómeno que revelaba aspectos esenciales del cosmos y la humanidad. Para algunos, dicha armonía estaba originada por la obra de un demiurgo, o de un primer principio no necesariamente definido; para otros era una manifestación de una armonía recurrente en una forma permanente y eterna. Pitágoras, por ejemplo, descubrió las proporciones matemáticas que subyacen a las escalas musicales, conectando la música con el orden universal y mostrando que los sonidos armoniosos reflejan un equilibrio cósmico. Este enfoque pitagórico influyó en toda una tradición filosófica de la «música de las esferas» que acabó por dar forma a una metáfora del orden y la racionalidad inherentes al universo. En el pensamiento de los filósofos de la escuela pitagórica, las proporciones no solo regían los intervalos musicales, sino que también gobernaban la estructura del cosmos. Eran, por así decirlo, una expresión de la armonía de la creación, una consecuencia de la divinidad o de una fuerza sobrenatural. Estos teóricos postularon que los planetas emitían sonidos armónicos basados en sus movimientos, que no éramos capaces de escuchar debido a que nos habíamos acostumbrado a ellos. Así la música se iba convirtiendo en una pre-ciencia que exploraba las proporciones armónicas de un universo que reflejaba el orden cósmico.

Platón también otorgó un lugar destacado a la música en su pensamiento, considerándola una herramienta poderosa para promover la armonía social, moldeando el alma y el carácter. En su obra *La República*, argumentaba que la música poseía un efecto directo sobre las emociones y la ética. Y sugería que ciertos tipos de música eran capaces de fomentar la virtud, mientras que otros podrían corromperla. Así que para Platón, la música no era solo un mero entretenimiento, como opinan muchos en la actualidad, sino que poseía una fuerza moral y educativa. Y frente a Platón, Aristóteles, varió su enfoque filosófico hacia la música adoptando una perspectiva más empírica. En su obra *Poética*, exploró cómo la música y el arte en general eran capaces de evocar emociones específicas, un concepto que hoy conocemos como *catarsis* y que se manifestaba en conjunto con el poder de la palabra y la historia en cualquiera de las tragedias griegas, en cuya representación, música y palabra eran una misma cosa que tenían un fin estético, pero también ético, la purificación del alma de aquellos que fueran testigos directos de la historia contada.

Más tarde, la música acabó por integrarse en la formación del *quadrivium* medieval, acompañada de la aritmética, la geometría y la astronomía. Y ocurrió que esta tradición armónico-musical se fusionó plenamente con el marco educativo cristiano. Conviene destacar por tanto la figura de Boecio, un influyente pensador medieval, que clasificó la música en tres categorías. La denominada *Musica mundana,* música del cosmos que reflejaba el orden universal; la *Musica humana,* que se centraba en la armonía interna del cuerpo y el alma; y la *Musica instrumentalis,* que era la música creada mediante instrumentos o la voz. Un modelo tripartito en el que la música trascendía lo audible, ocupando un lugar central en la comprensión del orden divino y humano.

Años después, durante el renacimiento, la doble naturaleza de la música fue fundamental para su establecimiento como una disciplina clave para la formación humanística. Por un lado, la música compartía con las matemáticas una base en proporciones y números, lo que se demostraba gracias a fenómenos como el de la afinación de los instrumentos o la composición de las escalas. Por otro, era indudable su capacidad para evocar emociones y transmitir narrativas, lo que la vinculaba profundamente con las humanidades. Por eso, teóricos del siglo XVI como Zarlino, Vicentino o Vincenzo Galilei, escribieron sobre los afectos en la música y exploraron cómo las reglas matemáticas podían guiar la composición, mientras que compositores como Josquin des Prez demostraron cómo la música podía comunicar significados complejos y emocionales. En tan solo un siglo, la música continuó siendo un puente entre ciencias y humanidades. De forma específica, la idea de que un compositor puede obtener ciertas emociones de su audiencia mediante la invención musical procede sobre todo de la ópera en los escritos vinculados a la misma poco después de 1700 después del desarrollo de los primeros experimentos realizados por Monteverdi. Otro autor como Johann Mattheson llega a nombrar veintiséis emociones y afectos diferentes que pueden ser realizados en el aria de una ópera, y además ofrece sugerencias concretas para su expresión musical.

Ya en 1649, René Descartes publicaba un tratado titulado *Las pasiones del alma* en el que disertaba sobre la teoría de los afectos, una forma aceptada de interacción entre el ser humano y sus emociones a través del arte y de forma específica, de la música. Según sus ideas, los afectos humanos, asociados a la actividad psicológica, son provocados por causas ajenas al individuo, pero actúan en él. Una vez que esto pasa, la persona seguirá con ese estado afectivo hasta que algún factor lo modifique. Pasiones primarias como la alegría, la tristeza, el odio o el amor, que se dan principalmente en las artes visuales del siglo XVII y que se organizan como una serie de combinaciones opuestas de actividad o inactividad del cuerpo y de placer o sufrimiento. En otro orden se encuentran sentimientos como la admiración o el deseo, más complejos que las cuatro primeras. Ideas que se consolidaron durante el siglo XVII, sobre todo a través de las figuras de dos jesuitas, Marin Mersenne y Attanasius Kircher cuyos estudios sobre las fronteras entre música y naturaleza del sonido serían los primeros avances científicos de calado en lo que se refiere a la música. Otro de los autores reseñables es el filósofo Jean-Jacques Rousseau, que incluyó igualmente la música en su actividad como una expresión de la naturaleza humana y sus emociones.

En los albores del siglo XX, como un especie de nueva lectura de la tragedia griega, Nietzsche —que también había hecho sus pinitos con la composición musical—, exaltaba la música como una afirmación de la vida, un tema que venía ya anticipado por el pensamiento de filósofos de la época moderna, como Kant y Schopenhauer, cuyas ideas planteaban la existencia en la música de una expresión directa de la voluntad y la definían como un arte independiente de las formas representativas. Durante la Ilustración, por ejemplo, se emplearon principios musicales para ilustrar conceptos filosóficos y científicos. Pensando en dos grandes genios musicales como Bach y Mozart, no sería descabellado extraer la idea de que aparte de sus geniales composiciones, no destacaron especialmente por su relación personal con el pensamiento filosófico. Algo que, al contrario, ocurrió con otros dos genios musicales que sí se vieron implicados significativamente en un mundo más filosófico y atormentado. Se trata de dos figuras fronterizas entre sus respectivas épocas —clasicismo y romanticismo— que abordaron con sus músicas temas arquetípicos como la lucha, la redención y el heroísmo: Ludwig van Beethoven y Richard Wagner.

II. Matemáticas y música: Números y sonidos. (De Pitágoras a la I.A.)

Analicemos a continuación la relación profunda entre música y matemáticas que comprende desde los principios de proporción pitagóricos hasta los algoritmos modernos de composición. Al mismo tiempo que la filosofía profundizaba en sus estudios especulativos sobre la música, los matemáticos comenzaban a utilizarla como parte de su necesidad de dar forma a teorías matemáticas emergentes. De la evolución en el cálculo y la teoría de probabilidades surgieron experimentos relacionados con la música enigmática, la combinatoria y la aleatoriedad, técnicas que serían aplicadas a los procesos de composición musical. Matemáticas y música están por tanto profundamente relacionadas, especialmente cuando se trata de la estructura de la armonía, una materia específica que plantea cómo las proporciones y las relaciones numéricas influyen en la percepción del sonido. Y es que detrás de los intervalos, los acordes, las escalas y los ritmos pervive una estructura matemática predecible que hace que la música nos resulte agradable. Pero las leyes matemáticas que gobiernan la armonía no solo forman parte de lo que apreciamos como belleza o equilibrio, sino que también nos permiten entender el orden estructural subyacente en las composiciones musicales.

En términos matemáticos, el sonido se describe mediante lo que llamamos frecuencia, que es el número de vibraciones por segundo de una onda sonora producida por un cuerpo vibrante elástico y que necesita de un medio para propagarse. Frecuencias que están relacionadas entre sí mediante proporciones matemáticas. Cuando dos notas suenan juntas y se perciben como armónicas o agradables, es porque sus frecuencias comparadas se encuentran en una proporción simple, que es posible expresar mediante una fracción o razón compuesta de números sencillos como el 1 el 2 o el 3. La octava, por ejemplo, ocurre cuando una nota tiene el doble de la frecuencia de otra y se expresa por la fracción 2:1. El siguiente intervalo armónico es el de quinta justa cuya relación es de 3:2, mientras que la cuarta justa responde a la proporción de 4:3. Si pensamos en acordes, ocurre algo parecido, ya que las progresiones armónicas de acordes también se rigen por leyes matemáticas de combinación que fundamentan su secuencia en términos de tensión y resolución. Así, las transiciones entre diferentes acordes generan una sensación de movimiento que puede ser predecible y comprensible para el oído, basado precisamente en dichas relaciones consonantes o armónicas. La teoría musical música responde al uso de patrones geométricos que organizan todas las tonalidades posibles en el conocido entre los músicos como «círculo de quintas», que no es más que una representación visual organizada de las relaciones entre las diferentes tonalidades.

Otro de los desarrollos matemáticos propios de la música es el del análisis específico de los patrones rítmicos relacionados con la división y la subdivisión del tiempo. Un compás musical se divide en unidades, normalmente regulares, y la relación entre los diferentes ritmos, expresados en señales de compás, pueden ser descrita matemáticamente desde sus formas más sencillas, hasta la creación de patrones rítmicos complejos, como los compases impares o de amalgama, incluso las formas seriales. Una complejidad matemáticas que interacciona con la geometría o la física de partículas en niveles profundos que incluyen la exploración del mundo de los fractales o el desarrollo de teorías complejas como la denominada teoría de cuerdas, un modelo físico que estudia las partículas subatómicas como elementos vibrantes que dan forma a la materia. Y en la actualidad, los algoritmos matemáticos y de generación de inteligencia artificial permiten analizar en tales niveles estos elementos hasta el punto de que resulta posible generar músicas aparentemente humanas, creadas por máquinas. Innovaciones destacan cómo las matemáticas siguen siendo una parte integral de la música.

III. Literatura y música:
el diálogo entre palabra y sonido

Además de la matemática, es imposible desligar a la música de la literatura. Disciplinas que han mantenido a lo largo de la historia una relación simbiótica que trasciende fronteras físicas y barreras culturales. Comparten el propósito de expresar emociones, narrar historias y capturar la esencia de la experiencia humana. Es cierto que lo hacen a través de medios diferentes, ya que la música se basa en sonidos y ritmos, mientras que la literatura emplea palabras y estructuras narrativas. Se establece un diálogo entre palabra y sonido que ha sido una constante en el desarrollo cultural de la humanidad, dando lugar a obras que integran ambas formas de expresión de manera armónica y poderosa. Así, además de su componente estético y lírico, la combinación música-palabra desempeña un papel narrativo en sí misma. Una sinergia que ha sido utilizada en diversas culturas y épocas para comunicar ideas, explorando la condición humana y generando un impacto emocional duradero. Se trata de una relación intrínseca que se remonta a los orígenes mismos de la expresión artística de los homo sapiens. Elementos que por separado son capaces de evocar emociones, contar historias y transmitir significados complejos, pero que cuando se combinan, crean una experiencia única e intransferible que trasciende las palabras y las melodías. Teniendo en cuenta que esta narrativa musical es capaz de contar historias tanto explícita como implícitamente, es posible afirmar que la música funciona en este contexto como un amplificador del impacto de la historia contada. Un refuerzo de los mensajes, por lo general de carácter arquetípico, como los conocidos «tópicos» grecolatinos entre los que destacan el amor no correspondido, el amor a primera vista, el asesinato por amor, la locura por culpa, la transformación del odio al amor, entre otros muchos...

Hablamos por tanto de la «musicalidad» del lenguaje como expresión de algo que los más grandes poetas consideran como una característica fundamental de un lenguaje evolucionado: la poesía como expresión de lo sublime. Un arte poético que necesita de conceptos como el del ritmo, la métrica y la sonoridad para crear experiencias capaces de evocar sensaciones musicales. Desde una perspectiva histórica, la conexión entre música y literatura es evidente. Algo que ocurre desde los primeros desarrollos de las tradiciones orales, en las que el canto y el relato se entrelazaban para transmitir historias, mitos y enseñanzas. Encontramos ejemplos en el *Poema de Gilgamesh* o en los *poemas épicos de Homero*, que son inconcebibles sin el concurso de la música. La lírica, por ejemplo, es otro caso evidente de esta colaboración, fusionando literatura y música para crear en canciones piezas artísticas que trascienden la suma de sus partes. Obras en las que ritmo y música actúan en combinación de la métrica poética, mientras que el texto refleja la estructura y los temas literarios escogidos. Como ocurre con las historias musicadas por los trovadores medievales, que nos muestran con sus composiciones cómo la palabra y el sonido se combinaban para dar vida a relatos cuya resonancia quedaba impregnada en imaginación de generaciones posteriores.

Otro apartado es el que dota a la música de su propia narrativa inherente, incluso sin estar acompañada de palabras. Como en el caso de composiciones musicales clásicas de corte descriptivo, como *Las cuatro estaciones* de Vivaldi, los *poemas sinfónicos* de Franz Liszt o la suite de *Los planetas*, de Gustav Holst, ejemplos que nos relatan historias instrumentales asociadas a los «programas» a los que se encuentran sujetas. De manera similar, en el jazz o en la música contemporánea, las improvisaciones y los episodios pueden ser generados desde historias personales o responder a emociones concretas, logrando una narrativa implícita, en muchos casos en una forma de «obra abierta» como dirían Umberto Eco o Roland Barthes. Por no hablar de óperas, obras teatrales, películas o incluso videojuegos. Géneros en los que la música actúa como un medio para comunicar emociones y avanzar en la trama ayudando a la creación de atmósferas que intensifican la experiencia visual y emocional del espectador.

IV. El arte musical como interacción con las ciencias sociales

Pero si hay un campo de asociación en música y artes liberales que podríamos definir como contemporáneo es el su interacción con las ciencias sociales. La música actúa como un indicador y catalizador de cambio y través de ella, es posible comprender mejor las relaciones de poder, la identidad cultural, las emociones humanas y las transformaciones de grupos de población. En una primera definición, la sociología estudia cómo los grupos humanos, las instituciones y las estructuras de poder afectan las prácticas culturales, incluidas las musicales. La música, por tanto, puede reflejar o incluso influir en las dinámicas sociales, como la clase social, el género, la etnia, o el poder político. Es por tanto un tema amplio y fascinante que abarca campos de estudio que comprenden desde la sociología hasta la psicología y la antropología.

La música ayuda por tanto a las personas a definirse dentro de un grupo social. Un proceso que se realiza mediante sonidos y canciones que pueden llegar a materializarse a lo largo de la historia en revoluciones de carácter cultural y servir de voz para movimientos de carácter diverso. Géneros musicales como el Jazz, el reggae, el hip hop, o la música folk han sido utilizados como símbolos de resistencia, identidad cultural o protesta, como en el caso de la lucha por los derechos civiles, el feminismo o las luchas por la independencia de países o colectivos humanos. Otro de los aspectos es el que nos permite realizar estudios de carácter antropológico mediante la observación de las culturas humanas a través del prisma de sus expresiones musicales. La antropología analiza y estudia cómo las diferentes sociedades son capaces de producir rituales y sus tradiciones, además de interpretar y valorar la música, considerándola como un medio de evolución. Y es que en muchas culturas la música se utiliza en ceremonias religiosas, rituales de transición o celebraciones comunitarias y posee un rol central en la identidad cultural y en la transmisión de tradiciones.

Algunas culturas ancestrales poseen el concepto del uso de la música como una forma de meta-comunicación lingüística, una forma de expresión no verbal que transmite emociones y estados que trascienden el significado cerrado de las palabras. La lingüística es primordial para tratar de entender un componente derivado de la capacidad humana de comunicarse con sus semejantes y establece uno de los grandes conflictos al respecto. ¿Es la música un lenguaje en sí?, ¿es un meta-lenguaje?, o es tan solo el producto de acto evolutivo sin mayor trascendencia en nuestra evolución como especie. Ideas enfrentadas que son defendidas con vehemencia por autores dispares como Stephen Pinker y Stephen Mithen o Daniel Levitin. Para el primero, la música es un resultado secundario de la evolución del lenguaje, algo así como una tarta de queso que nos aporta placer, pero no nos alimenta; para Mithen y Levitin, la música es un derivado de la comunicación lingüística indispensable para explicar el proceso evolutivo humano.

Lo que es indudable es que existen casos en los que la música se encuentra íntimamente ligada a la concepción de un sentido espiritual profundo, especialmente a través de una percepción musical tanto del mundo como del orden cósmico. También el ámbito de la psicología puede actuar con la música en campos diversos que afectan a la crear identidad y la cohesión social. Principalmente, los psicólogos son capaces de estudiar cómo el arte musical puede afectar al individuo en términos de emociones, cognición y comportamiento. En lo que se refiere a las emociones, sabemos que la música tiene la capacidad de influir en el estado emocional de las personas. Las canciones pueden evocar sentimientos de felicidad, tristeza, miedo o nostalgia. La psicología de la música estudia cómo diferentes géneros y melodías pueden afectar al cerebro y las emociones que genera. Pero además estamos recopilando cada vez más datos acerca de cómo a través de la música podemos influir en el desarrollo del cerebro, mejorando nuestras habilidades cognitivas como la atención, la memoria o las habilidades lingüísticas. Y el tercero de los campos psicológicos que citaré abarca la posibilidad del uso de la música como terapia, especialmente para el tratamiento de enfermedades mentales y físicas. Las investigaciones existentes se centran en la idea de que la música puede reducir ciertos factores de estrés, ansiedad, ayudando a mejorar el bienestar general.

En estrecha combinación con la psicología social de la música se encuentra su relación con la economía, especialmente derivada de su posición en la economía global. Aquí es posible analizar la relación de la música con los actores de la industria, desde músicos hasta productores, pasando por ingenieros de sonido, agentes o promotores. Pero también se analizan los modelos de negocio aplicados a la venta de discos (ya casi inexistente) los conciertos en vivo, los contenidos en «streaming» ofrecidos por plataformas y los derechos de autor. Y uno de los aspectos menos estudiados en la actualidad es la capacidad para diseminar mensajes específicos (políticos y sociales) a través de las redes sociales, así como su interacción con las audiencias a través de los algoritmos presuntamente automáticos de las diferentes plataformas.

No quisiera pasar por alto una de las últimas tendencias en este análisis que implica la inclusión de los estudios de género y sexualidad en la cultura. En las últimas décadas ha tomado fuerza el estudio de cómo la música refleja y refuerza ciertos estereotipos de género, o cómo algunos géneros son dominados por un determinado sexo, casi siempre el masculino. En este punto es importante concebir que la música se ha convertido en una herramienta perfecta para desplegar una nueva visión de ámbito feminista que pueda compensar la discriminación histórica a la que se han visto sometidas como creadoras y directoras en menor medida que como intérpretes. Géneros como el punk, el rap y la música electrónica han dado voz a mujeres que progresivamente más empoderadas, desafían las estructuras tradicionales de género.

CONCLUSIÓN
La educación musical en el siglo XXI: un nuevo modelo de artes liberales

Como último punto de este artículo me gustaría expresar algo que está más cerca del deseo que del dato analítico. Se trata de integración plena de la enseñanza musical en el sistema educativo. Si analizamos la importancia de la música en nuestros días, observaremos que en un contexto contemporáneo, la práctica de la música sufre de un cierto maltrato social. Y es que no son muchos los casos en los que ocupa un lugar de peso en los programas de artes liberales de algunos centros educativos. Con esto me refiero a que muchas personas consideran a la música como una asignatura complementaria, secundaria, una práctica estética sin valor social alguno. Es cierto que algunas universidades ofrecen cursos para explorar la música desde perspectivas amplias, abordando su historia, teoría y práctica. También lo es que el avance tecnológico ha ampliado las posibilidades para estudiar la ciencia y la práctica musical, permitiendo a los estudiantes analizar piezas complejas y explorar la composición digital. Sin embargo, también persisten retos, como la necesidad de equilibrar el enfoque y desarrollo técnico con la apreciación cultural y estética. De entender la música como una forma de construir mejores personas y por lo tanto mejores sociedades.

No tengo ninguna duda de que la música, integrada plenamente en el currículo de las artes liberales como disciplina esencial, puede ofrecer una herramienta única para entender la condición humana y sus expresiones culturales. Su capacidad de conectar campos aparentemente dispares la convierte en un elemento crucial para la educación integral. En un mundo cada vez más globalizado, la música no solo conserva la relevancia que tuvo en el pasado, sino que también inspira nuevas formas de pensar y crear que miran hacia el futuro.

Entendamos pues la música como un vehículo perfecto para el desarrollo del pensamiento crítico, de la creatividad, de las habilidades cognitivas y colaborativas y la empatía emocional. Una enseñanza que, integrando la mirada al pasado del pensamiento humano, sea capaz de mirar al futuro de las nuevas tecnologías como formas controladas de aprendizaje. Un contenido que además del propiamente teórico, sea capaz de incluir ideas integradoras acerca de la diversidad cultural, de la identidad de genero y de la diversidad de credo como formas humanas de tolerancia. Arte y ciencia, ciencia y arte; dos caras de una misma moneda, que quizás nos ayuden a comprendernos mejor como humanos y que nos acerquen en forma y fondo a la paz que tanto necesitamos. Como aparece recogido en el capítulo XXXIV de la segunda parte de *El Quijote* en boca de Sancho como forma de ahuyentar a los demonios:

— *Señora, donde hay música no puede haber cosa mala.*

Si bien es cierto que la duquesa le responde a continuación:

— *Tampoco donde hay luces y claridad.*

REFERENCIAS

BERGSON, Henri. *La evolución creadora.* 368 pp. Madrid, 2007. RBA Ed.

BRYSON, Bill. *Una breve historia de casi todo.* 640 pp. Madrid, 2023. Cactus Ed.

ECO, Umberto. *Obra abierta.* 1985. 311 pp. Planeta-De Agostini. Ariel Ed.

HUIZINGA, Johan. *Homo ludens.* 339 pp. Madrid, 2016. Alianza Editorial

MUÑOZ, Luis Antonio. *Historia oculta de la música.* 397 pp. Madrid, 2020. La Esfera de los Libros.

MUÑOZ, Luis Antonio. *Homo musicalis.* 376 pp. Madrid, 2022. La Esfera de los Libros.

SACKS, Oliver. *Musicofilia.* 464 pp. Madrid, 2015. Anagrama Ed.

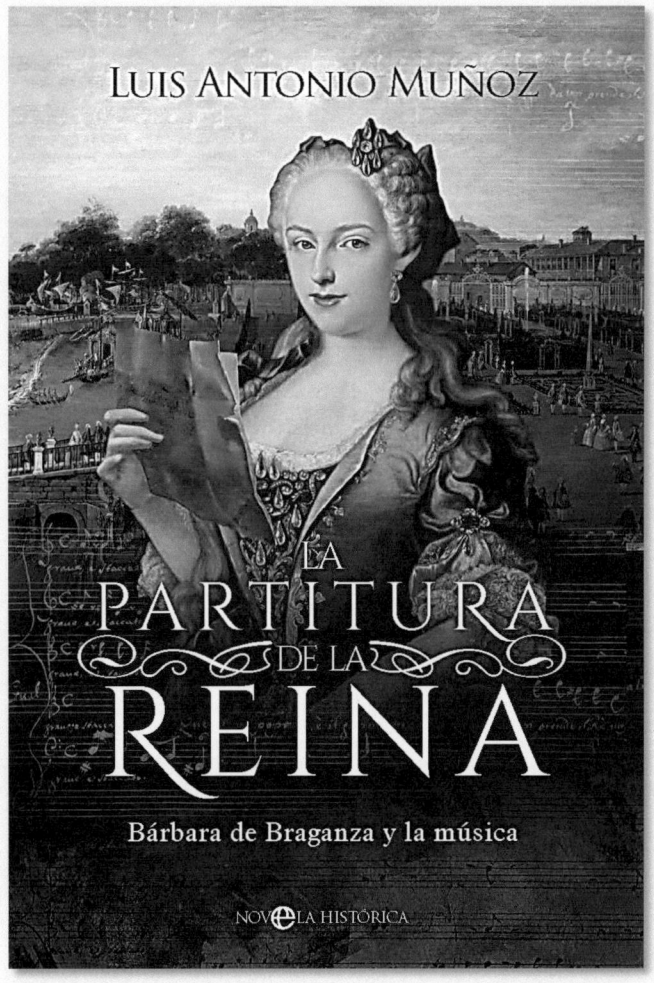

LUIS ANTONIO MUÑOZ

LA
PARTITURA
DE LA
REINA

Bárbara de Braganza y la música

NOVELA HISTÓRICA

Licenciado en Derecho y Filosofía, es Doctor en Filosofía por la Universidad de Barcelona, especializado en Neoplatonismo y Hermetismo. Es profesor de Filosofía Oriental, Hinduismo y Budismo, formador de profesores de Yoga, también imparte clases de Yoga y Meditación. Fue miembro del Lectorium Rosicrucianum y conferenciante de la Fundación Rosacruz, donde fue bibliotecario de la Biblioteca Rosacruz en Barcelona. Fue miembro de la Sociedad Teosófica y de la Respetable Logia Arca de Europa, de la Orden de la Estricta Observancia Templaria. En la actualidad es miembro y fundador de la Respetable Logia Porta de Denderah número 84 de la Gran Logia Simbólica Española, donde trabaja el Rito Antiguo y Primitivo de Menfis Misraim y de nuevo simpatizante del Lectorium Rosicrucianum. Es autor del libro *Contradicciones de un yogui occidental* de Editorial Kôan.

LA ESCALERA CELESTIAL

Juan Almirall Arnal

n el segundo grado de la Masonería Escocesa, el Compañero Masón, se realizan varios viajes en los cuales se aprende el Arte y las Artes Liberales. El Aprendiz llega a la Logia sin saber leer ni escribir, pero tras los años de estudio y trabajo en la Orden, aprende el oficio de la Geometría y las Artes Liberales. Estas últimas, se diferencian de las Artes Serviles, porque son propias de los gentil-hombres, de la nobleza, que era en gran medida lo que buscaba la Masonería Escocesa que se desplegó en Francia desde los años treinta del siglo XVIII.

La Masonería Escocesa se diferenció muy claramente de la Masonería Inglesa por su marcado carácter caballeresco. El Maestro Escocés era un noble que formaba parte de diferentes Capítulos de Caballería, como por ejemplo, la Orden de los Caballeros de la Espada o de Oriente, la Sublime Orden de los Caballeros Elegidos, la Orden del Real Secreto, la Estricta Observancia Templaria, etc. Masonería de Perfección, inspirada en la antigua Orden de Caballería medieval. Por ello, el francmasón recibía una formación caballeresca propia de los caballeros de la Edad Media.

En el prólogo del Libro de la Orden de Caballería, Ramón Llull nos dice que «a semejanza de los siete planetas que son los celestiales Corsos que gobiernan y ordenan las cosas terrenales, dividimos este LIBRO DE CABALLE-RÍA en SIETE PARTES; en las cuales queremos demostrar que los caballeros reciben honor y señoría del pueblo, con el fin de ordenarlo y defenderlo. La Primera Parte trata del fundamento de la Caballería. La Segunda Parte trata del oficio de Caballería. La Tercera Parte trata del examen a que conviene sea sometido el escudero que quiere entrar en el orden de Caballería. La Cuarta Parte trata de la manera cómo debe ser hecho el caballero. La Quinta Parte trata de lo que significan las armas del caballero. La Sexta Parte es de las costumbres que pertenecen al caballero. La Séptima Parte es del honor que conviene se haga al caballero.» Siete partes como los siete planetas celestiales. Igualmente, la regla de la Orden de Caballería forma una escalera de siete peldaños, para recordar al Caballero las virtudes de las cuales es deudor.

«11. Todas las cosas que hemos referido pertenecen al oficio de caballero en cuanto al cuerpo. Del mismo modo pertenecen al oficio de caballero, en cuanto al alma, *justicia, sabiduría, caridad, lealtad, verdad, humildad, fortaleza, esperanza, experiencia*, y otras virtudes semejantes a éstas.» Ramón Llull tuvo una cierta afinidad con la Orden Templaria, aunque conoció el declive y la persecución de la Orden. En el capítulo quinto nos muestra el significado de las armas del caballero, relacionando éstas con las virtudes de las que el caballero debe hacer gala.

La Masonería Escocesa del siglo XVIII resucita todas estas cuestiones y vincula el oficio de mason a la antigua Orden de Caballería, mostrando al Maestro Escocés como los símbolos masónicos no son otra cosa que veladas alusiones al Oficio de la Caballería. Sin embargo, y a pesar de que el Siglo de las Luces el oficio militar está muy en boga, el Caballero Francmasón no se asocia con el oficio de armas sino con el oficio de las ciencias, la Filosofía. La Masonería Escocesa es una Caballería Ilustrada y por ello toman un protagonismo esencial las Artes Liberales, en particular la Geometría, demostrando el triunfo de la Filosofía. Y aquí es donde encontramos a otro contemporáneo de Llull y del declive de la Orden del Temple, el florentino Dante Alighieri, al que se le ha asociado vínculos con la misteriosa Orden de los Fideli d'Amore, de lo que no hay ninguna prueba, sino conjeturas y referencias muy cuestionables. La Orden de los Fideli d'Amore fue una supuesta orden iniciática vinculada con la Milicia Templaria. Esto explicaría porqué Dante coloca a la Milicia Santa en el Cielo más elevado: «En forma pues, de cándida rosa se me mostraba la milicia santa que Cristo hizo esposa suya con su sangre; pero la otra, que volando ve y canta la gloria de Aquel que la enamora y la bondad que la ha hecho tan excelente, lo mismo que un enjambre de abejas que ya se posa sobre las flores, ya vuelve allí donde su trabajo adquiere sabor, descendía a la gran flor que se adorna de tantas hojas, y desde allí regresaba a donde su amor siempre permanece. Todas tenían la faz de llama viva, y las alas de oro, y el resto tan blanco, que ninguna nieve llega a término tal.» En este fragmento del canto XXXI de la Divina Comedia se ha querido ver una alusión a la Orden Templaria, de túnicas blancas, formando una cándida rosa, de donde le sale al encuentro Bernardo de Claraval, al que se le atribuye la redacción de la Regla de la Orden del Temple. Sin duda, Dante tiene una clara afinidad con la Orden Templaria y observa con horror su destrucción por parte del rey de Francia y el papado.

En otra obra de madurez, *Il Convivio* o el Banquete, redactada entre los años 1303 y 1309, el florentino nos describe con detalle la Escalera Celestial que forman las ciencias o las Artes Liberales, en su Tratado II. «Digo que por CIELO entiendo la ciencia, y por CIELOS las ciencias, por TRES SEMEJANZAS que los cielos tienen con las ciencias, principalmente por el orden y número en que parecen convenir, como se verá tratando del vocablo TERCER.» (Il convivio XIII:2)

El Cielo de las Esferas homocéntricas

Cuando una persona en la Edad Media piensa en el Cielo, está pensando en una estructura muy diferente a la visión moderna. En primer lugar, considera que el globo terráqueo, nuestro planeta Tierra se encuentra en el centro de los cielos, y que está rodeado por Esferas homocéntricas (con el mismo centro). La primera esfera que rodea la Tierra es la Esfera de la Luna, que a su vez es rodeada por la Esfera de Mercurio, y esta por la Esfera de Venus, luego la Esfera del Sol, que es envuelta por la Esfera de Marte, esta por la de Júpiter, y luego por la Esfera de Saturno, la última esfera móvil es la Esfera de las Estrellas Fijas, todas ellas de una sustancia cristalina y dura denominada éter o quinto elemento. Este engranaje celestial es como el juego de las muñecas rusas, las esferas más grandes contienen a las más pequeñas, formando lo que Hermes Trismegistos en sus tratados denomina la Armadura de las Esferas.

En el *Poimandres*, Hermes explica cómo tiene lugar la elevación del alma por los Cielos, «cuando muere el cuerpo material, lo entregas a la alteración: la figura que tienes se vuelve invisible y confías al *daimon* tu inerte morada. Por su parte, las facultades sensoriales del cuerpo, retornan a sus fuentes, convirtiéndose en partes y restaurándose de nuevo para sus actividades. Mientras la ira y el deseo se alejan hacia la naturaleza irracional. Y así, lo restante se eleva hacia las alturas, pasando a través de la Armadura de las Esferas: En el primer cinturón abandona la actividad de aumentar y disminuir. En el segundo, la maquinación de maldades, ineficaz engaño. En el tercero, el ya inactivo fraude del deseo. En el cuarto, la manifestación del ansia de poder, desprovista ya de ambición. En el quinto, la audacia impía y la temeridad de la desvergüenza. En el sexto, los sórdidos recursos de adquisición de riquezas, ya inútiles. En el séptimo cinturón, en fin, la mentira que tiende trampas. Llega entonces a la naturaleza ogdoádica, desnudado de los efectos de la armadura, y por tanto solo con su potencia propia. Y, con todos los seres, canta himnos al padre y todos se regocijan con su venida. Oye entonces, ya igual a sus compañeros, a ciertas potencias por encima de la naturaleza ogdoádica, que cantan himnos a Dios con voz dulce. Vienen al punto, ordenadamente, a presencia del padre, se confían a sí mismos a las potencias y, tornándose potencias, se hallan en Dios. Tal es la feliz consumación de los que poseen conocimiento (la *gnosis*), ser divinizados.» (*Poimandres* 24-26).

Hermes nos muestra el camino de aquellos que poseen el conocimiento, la Gnosis, ser divinizados pero tras purificarse por los siete cinturones que componen la Armadura de las Esferas. Se refiere a las Esferas homocéntricas de los siete planetas, donde el alma es purificada de los vicios y defectos que cada planeta encarna. La luna representa en el pensamiento astrológico antiguo y medieval la potencia de crecer y disminuir, mercurio la maldad y el engaño, venus el deseo, el sol el ansia de poder, etc.

Esta visión hermética de las Esferas, que procede de los textos de Platón, en particular del relato final de la *República*, el famoso mito de Er. Allí se nos refiere al Cielo como un conjunto de esferas unidas por un mismo eje, que es puesto en movimiento por seres divinos y que entona una sinfonía imperceptible, la Música de las Esferas. En el diálogo pitagórico *Timeo*, Platón va más allá, y calcula la distancia de las Esferas utilizando intervalos musicales, separando las esferas según tonos, cuartas y quintas. Así pasó al imaginario griego y latino la idea de la Armonía Celeste, un cosmos ordenado en figuras geométricas separadas por distancias o intervalos que emiten sonidos sublimes y armónicos.

Es Aristóteles quien en su Metafísica nos hablará de que estas Esferas son movidas por Motores Inmóviles de naturaleza intelectual. El Primer Motor, Dios, se piensa a si mismo y su pensamiento es pensamiento de pensamiento (νόησις νοήσεως νόησις), pero cada esfera es movida por un motor inmovil que también es intelectivo o puro pensamiento. Así resulta que el Cielo de las Esferas homocéntricas es movido por Intelectos divinos que emiten un sonido inteligible, los filósofos griegos y latinos pensaron un cielo noético.

Cuando este esquema celeste llega al Cristianismo antiguo ha pasado por la Filosofía Neoplatónica que ha dividido a las Jerarquías noéticas celestiales en nueve rangos, agrupados en tres, las divinidades intelectivas o pensadoras, las divinidades inteligibles o pensadas y las divinidades intermedias intelectivo-inteligibles, que piensan y son pensadas, y para este grupo intermedio se cree que se trata de seres matemáticos, pues la matemática permite el pensamiento. Este complejo sistema de dioses celestes o Inteligencias Celestiales, pasa finalmente de la mano de Dionisio Areopagita al Cristianismo, como Jerarquías Angélicas. Estas nueve Jerarquías Angélicas, que también son noéticas, son el primer Orden: los Serafines, los Querubines y los Tronos; del segundo Orden: las Dominaciones, Virtudes y Potestades y del tercer Orden: los Principados, Arcángeles y los Ángeles.

Según Dionisio: «Todo buen don y toda dádiva perfecta viene de arriba, desciende del Padre de las luces. Más aún, la Luz procede del Padre, se difunde copiosamente sobre nosotros y con su poder unificante nos atrae y lleva a lo alto. Nos hace retornar a la unidad y deificante simplicidad del Padre, congregamos con Él. Porque de Él y para Él son todas las cosas, como dice la Escritura.» (La Jerarquía Celeste, I:1). Y tenemos en todos estos Motores o seres Inteligibles a los intermediarios entre Dios, el Uno, y los hombres. De hecho, se creía que el proceso de pensamiento, la intuición intelectual, procedía de Dios, el Intelecto Agente, y nos llegaba a través del proceso de intelección a través de los ángeles, las Jerarquías del primer Orden recogían la información directamente de Dios y la transmitían al segundo Orden, que a su vez, la transmitía al tercer Orden y éste último, la inspiraba a los hombres en el proceso de pensamiento, a modo de intuiciones o inspiraciones. Así que si el ser humano quería iniciar un viaje de regreso al Padre de todas las luces, necesariamente debía hacerlo por medio de la Escalera Angélica, en un proceso de ascensión, que precisaba la inflamación del pensamiento. Esto era llamado la Gnosis, el pensamiento divino que inflamaba el alma intelectiva del hombre y le permitía el ascenso a la última región celestial.

Este ardor es al que Platón denominaba el Eros, *daimon* mediador entre la tierra y el Cielo. El ser humano tiene una carencia fundamental de lo Bello en sí, y busca, desea sin poder evitarlo, encontrar lo Bello y lo Bueno. Estamos dotados de esta facultad, podemos ver la Belleza en sí y sentir su carencia lo que nos impulsa a esta necesidad de elevación. Y la sacerdotisa Diotima de Mantinea le muestra a Sócrates, tal como lo describe Platón en El Banquete, el camino de ascensión. Primero somos atraídos por el amor hacia la belleza de los cuerpos, luego damos valor a la belleza de las almas que animan los cuerpos, luego somos arrebatados por la belleza de las normas de conducta y las leyes, la belleza de la ética y finalmente por la belleza de las ciencias, hasta que a través de estas somos capaces de contemplar la Belleza en sí misma.

Es por esto que Dante identifica las Esferas Celestes con las Ciencias. Nos lo justifica de la siguiente manera: «La primera semejanza es la revolución de uno y otro en torno a un inmóvil suyo. Porque todo cielo movible da vueltas en torno a su centro, el cual no se mueve; ciencia se mueve en torno a su objeto, el cual no mueve aquélla, porque ninguna ciencia demuestra el propio objeto, sino que lo presupone. La SEGUNDA semejanza es la iluminación de uno y otro. Porque todo cielo ilumina las cosas visibles; y así cada ciencia ilumina las inteligencias. Y la TERCERA semejanza es el inducir la perfección en las cosas dispuestas.» Las ciencias como las esferas celeste se mueven en torno a un objeto, tienen la potencia iluminadora, las ciencias iluminan los intelectos de los seres humanos al igual que lo hacen los ángeles, cuya inspiración llega como una iluminación y ambos, cielos y ciencias conducen al hombre a la perfección.

Dante clasifica los saberes según los rangos celestiales: «Como se ha referido, pues, más arriba, los siete cielos más próximos a nosotros son los de los planetas; luego hay otros dos cielos sobre éstos movibles, y uno, sobre todos, quieto. A los siete primeros corresponden las siete ciencias del *Trivium* y del *Quadrivium*, a saber: GRAMÁTICA, DIALÉCTICA, RETÓRICA, ARITMÉTICA, MÚSICA, GEOMETRÍA y ASTROLOGÍA. A la octava esfera, es decir, a la estrellada, corresponde la ciencia natural, que se llama FÍSICA, y la primera ciencia, que se llama METAFÍSICA; a la novena esfera corresponde la CIENCIA MORAL; y al cielo quieto corresponde la ciencia divina, que se llama TEOLOGÍA. Y hemos de ver brevemente la razón de que esto sea así.»

Las ciencias divinas de denominan las vías de conocimiento. En primer lugar, la vía de la elocuencia que es triple, gramática o la fuerza del lenguaje, la dialéctica o la razón y sabiduría del lenguaje y la retórica o la belleza del discurso. Y las ciencias matemáticas, la aritmética, la ciencia del número, la más sagrada de las ciencias matemáticas, relacionada con la Teología, pues los dioses piensan gracias al número; la geometría, la medida de la tierra, es decir, la plasmación del Número Divino en las formas y volúmenes, la música de las Esferas y la Astrología, la ciencia del cielo, que se expresa según fórmulas matemáticas, como mostraba el Timeo de Platón. Veamos pues el poder elevador de estas ciencias y cómo lo justifica Dante en *Il Convivio*, que es en el fondo cómo pensaba la Escolástica medieval el cielo y el poder elevador de las ciencias.

La Gramática

«Digo que el cielo de la LUNA se asemeja a la GRAMÁTICA, porque se puede comparar con ella. Porque si se mira bien a la luna, se ven dos cosas propias de ella que no se ven en las demás estrellas; es la una la sombra que hay en ella, la cual no es otra cosa sino raridad de su cuerpo, en la cual no pueden terminar los rayos del sol y repartirse como en las demás partes; es la otra la variación de su luminosidad, que ora luce por un lado, ora luce por el otro, según el sol la ve. Y la Gramática tiene estas dos propiedades, porque, por su infinitud, los rayos de la razón en mucha parte no terminan en ella, especialmente en los vocablos; y luce, ora por aquí o por allá, en cuanto están en uso ciertos vocablos, ciertas declinaciones, ciertas construcciones que antes no lo estuvieron, y muchas lo estuvieron que todavía lo estarán; como dice Horacio en el principio de la POETRÍA: «Renacerán muchos vocablos que habían decaído», etc.»

La Escalera comienza con la gramática, las ciencias del lenguaje, la primera desprovista de razón, unas veces es luminosa otras no, tiene propiedades lunares, según Dante. La primera Esfera era la de la Luna, que según Hermes tenía la propiedad de crecer y menguar, en la jerga masónica podría corresponderse con el pilar de la fuerza, la fuerza vital que unas veces brilla y otras está oscura.

La Dialéctica

«El cielo de MERCURIO se puede comparar a la DIALÉCTICA por dos propiedades: porque Mercurio es la estrella más pequeña del cielo; porque la cantidad de su diámetro no es más que de doscientas treinta y dos millas, según expone Alfragano, que dice ser aquél una vigesimoctava parte del diámetro de la tierra, el cual tiene seis mil quinientas millas. La otra propiedad es que está más velada de los rayos del sol que ninguna otra estrella. Y estas dos propiedades existen en la Dialéctica; porque la Dialéctica tiene menos cuerpo que ninguna otra ciencia; por lo cual está perfectamente compilada y terminada en todo el texto que en el ARTE ANTIGUA y en la NUEVA se encuentra; y está más velada que ninguna otra ciencia, en cuanto procede con argumentos más sofísticos y probables que otra alguna.»

La dialéctica o la lógica es una ciencia menos desarrollada, por tanto, más pequeña que las otras, como el planeta Mercurio. Pero es a su vez la fuerza de la razón que le damos al leguaje, la argumentación que no es posible contradecir en la medida que está fundada en la razón, sin duda la lógica es mercurial. Y como tal podemos asociarla al pilar de la sabiduría, aunque Dante no le da demasiada preeminencia, sin embargo, para Platón era la Ciencia Primera, el único camino posible para alcanzar la Verdad.

La Retórica

«El cielo de VENUS se puede comparar a la RETÓRICA por dos propiedades: una es la claridad de su aspecto, que es más suave a la vista que ninguna otra estrella; otra es su aparición, ora a la mañana, ora a la tarde. Y estas dos propiedades existen en la Retórica, porque la Retórica es la más suave de todas las ciencias, porque tal se propone principalmente. Aparece de mañana, cuando el retórico habla a la vista del oyente; aparece de noche, es decir, detrás, cuando el retórico habla por el remoto medio de la letra.»

La belleza del brillo del planeta Venus la hace asemejarse a la retórica, el arte de dar belleza a los discursos, ni la mera gramática, ni la lógica comportan belleza en su expresión, por ello la retórica se convierte en el pilar que adorna las ciencias del lenguaje. A Dante le parece que la retórica coincide con la aparición de Venus bien sea por la tarde bien por la mañana, pero nunca por la noche como los demás planetas, por su proximidad al Sol. Es esta proximidad lo que hace de Venus un astro radiante y bello, al igual que la retórica cuya única función es embellecer los discursos.

La Aritmética

«El cielo del SOL se puede comparar a la ARITMÉTICA por dos propiedades: una es que de su luz se informan todas las demás estrellas; la otra es que los ojos no pueden mirarla. Y estas dos propiedades existen en la Aritmética, porque de su luz se iluminan todas las ciencias, ya que sus objetos todos son considerados bajo algún número, y en la consideración de aquéllos, siempre con número se procede. Del mismo modo que en la ciencia natural es objeto el cuerpo movible, el cual cuerpo tiene en sí razón de continuidad, y ésta tiene en sí razón de número infinito. Y la condición más principal de la ciencia natural es considerar los principios de las cosas naturales, las cuales son tres, a saber: materia, privación y forma; en los cuales se ve este número, no sola mente en todos juntos, sino que además en cada uno hay número, si se considera con sutileza. Porque Pitágoras, según dice Aristóteles en el primer libro de la METAFÍSICA, suponía principios de las cosas naturales lo par y lo impar, considerando que todas las cosas son número. La otra propiedad del sol se ve todavía en el número, del cual trata la Aritmética, porque el ojo del intelecto no le puede mirar; ya que el número, considerado en sí mismo, es infinito; y esto no lo podemos entender nosotros.»

La Aritmética es el fundamento de todas las ciencias, y para los filósofos griegos y latinos, el fundamento del pensar, por ello es una ciencia solar, ilumina todas las otras ciencias y es cegadora en la medida que el despliegue del número es infinito e inabarcable, como la luz del Sol, que no podemos mirar en todo su esplendor. Las ciencias son de la palabra y el número, y la más alta de todas es esta. Los pitagóricos hicieron una teología del número, pues de alguna manera es divino, y las Ideas divinas se ordenan hacia la idea principal, que es el Uno. Al final, cada Idea divina es una Unidad o *Hénada* como las llamaban los filósofos neoplatónicos, pues estamos pensando la Belleza en sí misma, la unidad que representa la idea de Belleza en sí, o de la Bondad en sí, etc.

La Música

«El cielo de MARTE se puede comparar a la MÚSICA, por dos propiedades: es la una su más hermosa relación, porque, enumerando los cielos movibles, por cualquiera que se comience, ya sea el ínfimo o el sumo, el cielo de Marte es el quinto; está en medio de todos, a saber: de los primeros, los segundos, los terceros y los cuartos. La otra es que Marte seca y enciende las cosas; porque su color es semejante al del fuego, y por eso aparece de color de fuego, cuándo más, cuándo menos, según el espesor y raridad de los vapores que le siguen; los cuales se encienden muchas veces por sí mismos, tal como está determinado en el libro primero de la METEORA. Y por eso dice Albumassar que el encendimiento de tales vapores significa muertes de reyes y transmutación de reinos; porque son efectos del señorío de MARTE. Y Séneca dice por eso que en la muerte de Augusto emperador vio en lo alto una bola de fuego. Y en Florencia, al principio de su destrucción, fue vista en el aire, en figura de cruz, una gran cantidad de estos vapores secuaces de la estrella de Marte. Y estas dos propiedades existen en la música, la cual es toda ella relativa, como se ve en las palabras armonizadas y en los cantos, de los cuales resulta tanto más dulce armonía cuanto más bella es la relación; la cual en tal ciencia es más bella que ninguna, porque principalmente se la propone. Además, la música atrae a sí los espíritus humanos, que son casi principalmente vapores del corazón, de modo que casi cesan de obrar por completo; de tal modo está el alma entera cuando se la oye, y la virtud de todos ellos corre al espíritu sensible que recibe el sonido.»

La quinta ciencia es la de Marte, la ciencia de la música, que era entendida por los antiguos como una ciencia matemática. Es Platón en el *Timeo* que recogiendo las doctrinas pitagóricas sobre el número y la música, como las sucesivas divisiones de un tono, en cuartas, quintas y octavas procede generando la armonía. Y como Marte la música se asocia con las pasiones del espíritu humano, pues el fuego que es la verdadera naturaleza de Marte es lo que inflama la música en el corazón de los hombres, que además lo hace según la relación de intervalos por medio de la media armónica. Según Timeo el Demiurgo construyó el Alma del Mundo, es decir, el universo vivo, a partir de dos relaciones, la media armónica y la media aritmética, de ahí salen los intervalos de cuarta y de quinta, lo que es descrito como: «uno que supera y es superado por los extremos en la misma fracción, otro que supera y es superado por una cantidad numéricamente igual» (*Timeo* 36). Esto lleva a Dante a intuir la relación de la música, con sus intervalos de cuarta y quinta con el quinto planeta.

La Geometría

«El cielo de JÚPITER se puede comparar a la GEOMETRÍA por dos propiedades: es la una que se mueve entre dos cielos que repugnan a su buena temperatura, como son el de Marte y el de Saturno. Por lo cual, Tolomeo dice en el libro alegado que Júpiter es estrella de complexión templada, en medio del frío de Saturno y del calor de Marte. La otra es que se muestra entre todas las estrellas, blanca, como plateada. Y estas cosas existen en la ciencia de la Geometría. La Geometría se mueve entre dos que la repugnan, como son el punto y el círculo -

y digo CÍRCULO en sentido amplio, a toda cosa redonda, ya sea cuerpo, ya superficie-; porque, como dice Euclides, el punto es principio de aquélla, y, según dice, el círculo es su figura más perfecta, por lo cual tiene razón de fin. Así que entre punto y círculo, como entre principio y fin, se mueve la Geometría. Y estos dos repugnan a su certeza; porque el punto, por su indivisibilidad, es inconmensurable, y el círculo, por su arco, es imposible se le cuadre perfectamente, y, por lo tanto, es imposible medirle con precisión. Y además la Geometría es blanquísima, en cuanto no tiene mácula de error, y ciertísima por sí y por su sierva, que se llama PERSPECTIVA.»

Un poeta florentino no podía dejar de admirar la geometría y ésta aplicada al arte, en la perspectiva. La considera sin mácula de error, la geometría como expresión clara de la ciencia matemática no tiene posibilidad de error. Cita a los *Elementos* de geometría de Euclides, uno de los matemáticos más apreciados por los filósofos de la antigüedad y todavía en época moderna, racionalistas como Spinoza que escribe una ética *more* geométrico. La obra de Euclides supuso una ordenación básica del pensamiento, sus definiciones y axiomas estás cargadas de filosofía, «el punto es lo que no tiene partes». El círculo es un línea de cuyo centro parten rectas que tocan el círculo, todas ellas iguales entre sí. Templada la geometría equilibra el punto con el círculo, sin mácula alguna, al igual que el planeta Júpiter, plateado sin mancha, equilibra el calor de Marte con el frío de Saturno.

La Astrología

«El cielo de SATURNO tiene dos propiedades, por las cuales se puede comparar a la ASTROLOGÍA: una es la tardanza de su movimiento por los doce signos; que veintinueve años y más, según los escritos de los astrólogos, necesita de tiempo su círculo; la otra es que está más alto que todos los demás planetas. Y estas dos propiedades existen en la ASTROLOGÍA; porque para cumplir su círculo, es decir, en su aprendizaje, ha menester grandísimo espacio de tiempo, tanto para sus demostraciones, que son más que de ninguna otra de las ciencias susodichas, como para la experiencia que para discernir bien en ella se necesita. Además está más alta que todas las demás, porque, como dice Aristóteles en el principio DEL ALMA, la ciencia es alta en nobleza, por la nobleza de su objeto y por su certeza. Ésta, más que ninguna de las susodichas, es noble y alta por su objeto alto y noble, como es el movimiento del cielo; es alta y noble por su certeza, la cual no tiene defecto, como procedente de perfectísimo y regular principio. Y si alguno la cree con defecto, no es de ella, sino, como dice Tolomeo, de nuestra negligencia, y a ésta se debe imputar.»

Finalmente, llega el turno a la Astrología, lo que hoy denominaríamos la Astronomía, es la ciencia matemática más elevada al tratar precisamente sobre el Cielo y es lenta como Saturno, que tarda mucho tiempo en recorrer todo el Zodíaco. Es lenta porque precisa de mucho tiempo de observación, de comparación de las efemérides celestes para poder extraer sus conclusiones. Verdaderamente, es la que precisa más tiempo de todas las ciencias matemáticas y por eso Dante ve la analogía con el planeta decano, el límite de la Armadura de las Esferas, como decía Hermes Trismegistos.

Aquí tenemos desplegada toda la Escalera Celestial con cada uno de sus peldaños, que si bien las analogías son un poco forzadas en algún punto, no se puede negar que dio a las Artes Liberales estatuto de ciencia iniciática y elevadora hacia las regiones celestiales, donde se podía encontrar a Dios, más allá de sus ángeles y mensajeros, los agentes inteligibles que lo rodeaban y permitían la unión con el intelecto de los hombres. Sin duda, esta forma de valorar a las Artes Liberales llegó intacta a los siglos XVII y XVIII, a partir de los cuales, y por el desarrollo de la ciencia experimental, irá perdiendo su estatuto, hasta verse transformada en un símbolo más del amplio elenco de elementos simbólicos que enriquecen los rituales masónicos, en particular del ritual de aumento de salario del Compañero francmasón, un ritual que sin duda tiene un marcado carácter gnóstico. ⚜

OBRA RECOMENDADA

Juan Almirall

Contradicciones de un yogui occidental

KŌAN

Alberto Moreno Moreno es Técnico en Empresas y Actividades Turísticas y traductor. Es miembro de la Logia Oliva-La Safor n.º 112 (Gandía) y del Capítulo de Arco Real Germanies n.º 37 (Valencia). Su interés masónico se centra en la Antigua masonería tradicional y en los orígenes históricos de la Orden, así como en los rituales masónicos y su evolución. Ha traducido obras del autor británico Walter Leslie Wilmshurst (*El Significado de la masonería, La Iniciación Masónica, Pársifal*), y de F. de P. Castells (*Análisis Histórico del Ritual del Santo Arco Real*), aunque su proyecto más popular ha sido la traducción, en siete volúmenes, del texto fundamental del Rito Escocés Antiguo y Aceptado *Moral y Dogma*, de Albert Pike. Como autor ha publicado *Regla Benedictina y Ritual Masónico, Iniciación mística y ritual masónico, Buscando a F. de P. Castells, El origen de los grados masónicos y Antropología del ritual masónico*. Igualmente ha compilado el primer *Diccionario Bilingüe de masonería Español – Inglés*. Entre 2018 y 2022 ha formado parte de la Comisión de Rituales de la Gran Logia de España, dirigiendo la traducción del Ritual de Emulación y participando en la traducción del Ritual Domatic del Santo Arco Real. Actualmente está trabajando en la serie *La Formación del Rito Escocés Antiguo y Aceptado a la Luz de los Manuscritos Originales*.

LOS
MANUSCRITOS
REGIUS Y COOKE
¿UN DEBATE IGNORADO?

Alberto Moreno Moreno

En este artículo vamos a prestar atención a un posible debate acerca de la naturaleza mística de la masonería que habría tenido lugar durante la Baja Edad Media. Realmente, no contamos con una base documental lo suficientemente amplia como para poder afirmar que este debate tuvo realmente lugar de manera generalizada entre los masones ingleses. Pero sí hay algunos elementos que invitan a pensar que, al menos entre una élite intelectual, esta cuestión fue planteada. Por ello, expondremos los hechos y dejaremos que el lector juzgue.

Comencemos explicando el manuscrito Regius.

El manuscrito Regius (1390)

El manuscrito Regius es el primer manuscrito de Antiguos Deberes que se conserva. Para la correcta comprensión de un manuscrito de Antiguos Deberes debemos tener en cuenta que se trata de un texto destinado a ser leído a un candidato que va a entrar en una corporación profesional antes de que preste su juramento. Esta ceremonia tenía lugar en el día del santo patrón del gremio, momento en que se leían al nuevo Compañero los estatutos de la fraternidad. En el caso de los masones, según figura en el manuscrito *Regius*, la fecha era «el octavo día tras la festividad de Todos los Santos», es decir, el 8 de octubre, día de los Cuatro Mártires Coronados.

El primero de estos manuscritos, el *Regius*, ofrece la siguiente estructura:

versículos 1-86	Historia geográfica del oficio de la masonería.
versículos 87-496	Lista de deberes masónicos incluyendo el juramento masónico (vv. 427-440).
versículos 497-534	Martirio de los Cuatro Santos Coronados.
versículos 535-537	Diluvio de Noé.
versículos 538-550	Detención de la construcción de la Torre de Babel.
versículos 551-578	Elogio de las siete artes liberales.
versículos 579-794	Lista de deberes morales propios de todo cristiano.

Lo primero que se constata es que el documento *Regius* es de carácter cristiano; no solo eso, sino que en él se cita tanto a la Santa Iglesia como a la Eucaristía, de modo que su cristianismo es católico romano. Únicamente a partir del cisma de la Iglesia de Inglaterra con Roma podrán considerarse los Antiguos Deberes como textos de carácter anglicano. Patrick Négrier considera probado que los versículos a partir de 59 fueron extraídos del texto del canónigo agustino John Mirk *Instrucciones para sacerdotes de parroquia* (*Instructions for parish priests, ca.*1382), así como de un anónimo *Tratado de urbanidad*[1], habiendo sido ambos publicados en Quatuor Coronatorum Antigrapha vol.1 (1889).

---

[1] Négrier, Patrick (2006). *Le rite des Anciens Devoirs. Old Charges (1390-1729)*, p. 26., Éditions Ivoire-Claire.

LOS MANUSCRITOS REGIUS Y COOKE
¿UN DEBATE IGNORADO?

Comienzo del manuscrito Regius

Según el juramento ritual del *Regius*, el recipiendario debía jurar «ante sus Compañeros y Maestros», lo que nos hace deducir que se trataba de un Aprendiz. El recipiendario juraba «mantenerse fiel a esas leyes» que se le acababan de leer y se convertía en Compañero. Las figuras bíblicas que aparecen en la historia geográfica del oficio demuestran que esta fraternidad era de naturaleza profesional, y no únicamente devocional, pues nos encontramos alusiones al constructor Nemrod (Génesis 10, 8–12), a la leyenda de los pilares antediluvianos, a Abraham descrito como constructor (Génesis 12, 6–8) y la torre de Babel (Génesis 11, 1–9), que son figuras alegóricas que, muy probablemente, hacen referencia al estilo gótico y a la construcción de catedrales. Sin embargo, a partir del versículo 497 y hasta el final, el *Regius* olvida por completo su razón de ser profesional para convertirse en algo esencialmente distinto: a partir de ahora nos encontraremos con una serie de referencias apocalípticas (la muerte de los Cuatro Mártires Coronados, el Diluvio y el fracaso de la torre de Babel), que se ven seguidas por un elogio de las siete artes liberales, donde se concentra el contenido iniciático del manuscrito. Por último, se centrará en los deberes de todo cristiano, parte inspirada en los citados *Instrucciones para sacerdotes de parroquia* y el anónimo *Tratado de urbanidad*.

LOS MANUSCRITOS REGIUS Y COOKE
¿UN DEBATE IGNORADO?

El Poema Regius comienza con un texto que reza «Aquí comienzan los Estatutos del arte de la geometría según Euclides», que el propio autor define en sentido figurado como «el arte de diferenciar la falsedad de la verdad». El *Regius* presenta las siete artes liberales de una manera significativa: afirmando que «por la alta gracia del cielo» Euclides «fundó las siete ciencias» (aritmética, geometría, astronomía, música, gramática, retórica y dialéctica), para concluir la referencia a las mismas afirmando que «quien las use bien alcanzará el cielo» (*the siences seven, whoever uses them well, he may have heaven*). Esta noción del «buen uso» de las ciencias que puede conducir «al cielo» a quien las practica, remite directamente al libro VII de *La República* de Platón, quien afirma que únicamente un uso filosófico y no científico de las siete artes liberales permite al contemplativo elevarse desde las sombras de la caverna hacia el sol, imagen de la idea del Bien. De este modo, las siete artes se convierten en un trasunto de la Escalera de Jacob que nos conduce al cielo, entrando de lleno en la concepción platónica de la Iniciación.

En la Regla Benedictina la parte Iniciática está contenida en el capítulo VII La Humildad. Este capítulo es relativamente largo y consta de epígrafes como *Una escala que se sube bajando, El temor de Dios, No hagas tu propia voluntad, Conténtate con lo peor*, etc. Veamos lo que se dice en *Una escala que se sube bajando:*

> Por tanto, hermanos, si queremos llegar a la cumbre de la humildad y llegar pronto a aquella exaltación celestial a la que se asciende por la humildad de la vida presente mediante los peldaños de nuestras obras, tendremos que levantar aquella escala que Jacob vio en sueños y en la que se veían ángeles bajando y subiendo. Sin duda alguna, en el bajar y subir no entendemos otra cosa sino que por la exaltación se baja y por la humildad se sube. Pues esa escala levantada es nuestra vida temporal que Dios eleva hasta el cielo por nuestra humildad de corazón. Los largueros de esa escala son nuestro cuerpo y nuestra alma. La vocación divina ha dispuesto en ellos diversos peldaños de humildad o de observancia que se deben subir.

La copia más antigua que se conserva de la Regla de san Benito, del siglo VIII (Oxford, Bodleian Library).

LOS MANUSCRITOS REGIUS Y COOKE
¿UN DEBATE IGNORADO?

Y aquí viene lo interesante, pues el autor de *Regius* sustituyó las virtudes que promulgaba el capítulo VII por las siete artes liberales:

> Muchos años más tarde, el buen clérigo Euclides
> El oficio de geometría enseñó por el mundo,
> Y en este tiempo hizo también
> Diversos oficios en gran número.
> Por la alta gracia del Cristo en el cielo
> Las siete ciencias fundó;
> Gramática es la primera, lo sé,
> Dialéctica la segunda, me congratulo,
> Retórica la tercera, que no se niegue,
> Música la cuarta, os lo digo,
> Astronomía es la quinta, por mis barbas,
> Aritmética la sexta, sin duda alguna,
> Geometría la séptima, y cierra la lista,
> Pues es muy humilde y cortés.
> En verdad, la Gramática es la raíz,
> Todos la aprenden en el libro;
> Pero el arte supera este nivel,
> Como del árbol el fruto es mejor que la raíz;
> La Retórica mide un lenguaje esmerado,
> Y la Música es un suave canto;
> La Astronomía da el número, querido hermano,
> La Aritmética demuestra que una cosa es igual a otra,
> La Geometría es la ciencia séptima,
> Y distingue la verdad de la mentira, lo sé;
> Quien de estas siete ciencias se sirva,
> Bien puede alcanzar el cielo.

Es decir, lo que está haciendo el manuscrito Regius es sustituir las virtudes que pueden conducir a la visión beatífica, fin último de la Iniciación, por las siete artes liberales, afirmando que «Quien de estas siete ciencias bien se sirva, bien puede alcanzar el Cielo», y dándole un protagonismo muy especial a la Geometría, a la que describe, de una manera platónica, como «la que puede separar la verdad de la falsedad»; es decir, no estamos hablando de una disciplina práctica o profesional.

Patrick Négrier describe *Regius* con dos frases significativas: por una parte, afirma que «al referirse al uso filosófico (platónico) de las siete artes liberales, el *Regius*, que inaugura la tradición de Antiguos Deberes, inscribe de este modo el Rito de los Antiguos Deberes en una perspectiva auténticamente iniciática (en *La República* 365a Platón emplea además el término *iniciación - teletés*)». Por otra afirma que *Regius* es «un diálogo entre *La República* de Platón y la *Regula Monachorum* de San Benito de Nursia». Son numerosas las similitudes existentes entre la Regla Benedictina y los Antiguos Deberes, y en este caso Négrier hace referencia al capítulo VII, el cual describe la escalera de grados de humildad que el monje debe experimentar para acceder al cielo. De este modo, *Regius*, cuyo rito de recepción estaría inspirado en el capítulo LVIII de la *Regula Monachorum*, se basaría en la analogía existente entre la ascensión platónica al cielo gracias a las siete artes liberales y la escalera celeste en doce grados y uno más del capítulo VII de la Regla Benedictina, que es a su vez una adaptación de la escala de catorce grados propuesta en sus *Instituciones cenobíticas* por Juan Casiano (c.360 – c. 430), cuyos elementos monásticos no podían ser aplicados a los masones, que eran laicos. De este modo se habría sustituido por su equivalente platónico: las siete artes liberales. De la misma manera, ambas escalas tendrían su base en los ejemplos apocalípticos y moralizantes previos, que en *Regius* aparecen bajo la forma de los Cuatro Mártires Coronados, el Diluvio y el fracaso de la torre de Babel, mientras que en *La República* se presentan como los estragos que tienen lugar en la caverna (penuria, asesinato, guerra, perversión del diálogo, etc.).

Fragmento del manuscrito Cooke donde se describe las siete artes liberales

El manuscrito Cooke (1410)

Aproximadamente veinte años después de *Regius*, hacia 1410, se redacta otro manuscrito de Antiguos Deberes, el manuscrito Cooke. El manuscrito Cooke debe su nombre a su editor, Matthew Cooke, quien lo publicó en 1861 en Londres, en su obra *History and articles of Masonry*. Originariamente está considerado el más antiguo de un conjunto de documentos que forman la llamada *Freemasonry's Gothic Constitutions* (*Constituciones góticas de la masonería*), y el original está depositado en el British Museum.

Mientras que *Regius* era un documento un tanto extraño tanto por su contenido como por su texto en verso, *Cooke* es un documento de Antiguos Deberes, por decirlo así, canónico. El documento está dividido en dos partes: la primera está compuesta por 19 artículos, que dan cuenta de los orígenes de la geometría, así como también de la arquitectura. Y la segunda, que también es conocida como «Libro de deberes», está compuesta por una introducción histórica, nueve artículos que hacen referencia a la división y organización del trabajo y que son fruto de una asamblea general que se remonta (míticamente) al gobierno del Rey Athelstan, nueve consejos sobre el orden moral y religioso, y finalmente cuatro normas relativas a la vida fuera de la logia por los masones. Ahora bien, en este manuscrito aparece algo muy sutil pero enormemente llamativo para el lector avezado. Veamos lo que encontramos en *Cooke*:

Estas siete ciencias son las siguientes:

La primera, que se considera el fundamento de toda ciencia, es la gramática, que enseña a escribir y hablar correctamente.

La segunda es la retórica, que nos enseña a hablar con elegancia.

La tercera es la dialéctica, que nos enseña a discernir lo verdadero de lo falso, y se suele llamar arte o sofística (lógica).

La cuarta es la aritmética, que nos instruye en la ciencia de los números, para hacer cuentas.

La quinta es la Geometría, que nos enseña todo lo referente a la mensura, las medidas y los pesos, de todo tipo de artes manuales.

La sexta es la música, y que enseña el arte de cantar por notación para la voz, en el órgano, la trompeta y el arpa, y de todo lo relativo a ello.

La séptima es la astronomía, que nos enseña el curso del sol y de la luna y de las demás estrellas y planetas d0el cielo.

Detengámos en la tercera: «La tercera es la dialéctica, que nos enseña a discernir lo verdadero de lo falso, y se suele llamar arte o sofística (lógica)». ¿Qué está haciendo el autor de *Cooke*? Sencillamente desprestigia las siete artes liberales al identificar la dialéctica con la sofística, lo que es una forma sutil de decir que las siete artes liberales son un engaño y que no cree en ellas como elemento iniciático. *Cooke* no solo abandona la idea de que la práctica filosófica de las siete artes liberales conduce al cielo a quien las practica, sino que, al identificar la dialéctica con la sofística, asesta un golpe bajo contra *Regius*, pues si este concibe la dialéctica como un escalón de la escalera que conduce a la contemplación del Bien, los sofistas, al contrario, tenían una consideración práctica de la dialéctica, y ya Platón criticaba de ellos su formalismo y sus trampas, que perseguían no ya discernir la verdad sino presentar argumentos mendaces como sólidos por medio de artificios retóricos, independientemente de su veracidad. En cierto modo, el autor de *Cooke* estaba acusando al planteamiento iniciático de *Regius* de ser una falacia, y estaba emborronando voluntariamente su propósito espiritual. En *Cooke* no aparece ninguna exposición moralizante de los efectos del mal y, además, la lista de las artes liberales, que en *Regius* era un trasunto de la Escalera de Jacob que, practicada filosófica o platónicamente, permitía acceder al cielo, en *Cooke* es presentada únicamente como unas ciencias y artes que permiten resultar gratos a Dios mientras uno se gana la vida trabajando honradamente.

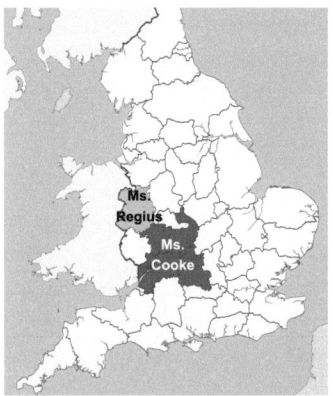

Mapa con el posible origen geográfico de los manuscritos Regius y Cook.

Hoy en día nos expresamos de otra manera; pero entonces la referencia era la antigüedad clásica y la escolástica, y el juego argumental se exponía en estos términos. Seguramente estaba ya extendida entre los masones operativos la creencia de que la Geometría era una disciplina espiritual, del mismo modo que debía haber ya, como sucede hoy en día, una tendencia masónica que renunciaba al misticismo. ¿Conocía el autor de *Cooke* el manuscrito Regius, o al menos su tradición intelectual, para rebatirlo? No es de descartar. Según el investigador Dr. Begemann, *Cooke* podría haber sido escrito y compilado en el sureste de la región central occidental, entre los años 1410 y 1420, entre Gloucestershire y Oxfordshire, aunque también lo pudo haber sido en el sureste de Worcestershire o suroeste de Warwickshire. No obstante, casi está demostrado que su contenido es una compilación que pudiera tener incluso un siglo más de antigüedad. Por su parte, *Regius* parece proceder del condado de Shropshire, muy próximo a los anteriores.

El hecho de que nos encontremos por escrito esta oposición entre ambas formas de entender las siete artes liberales más bien nos permite intuir que, ya en esa época, había quienes creían que la masonería debía tener un carácter místico, y quienes pensaban que no se extendía más allá del mero factor religioso, omnipresente en la época. No siempre es sencillo discernir qué parte del acervo simbólico de los masones operativos tenía un propósito intencionadamente iniciático y qué parte era únicamente religiosa. El discurso mental medieval estaba construido en torno al cristianismo, y es difícil encontrar la línea que separaba lo meramente religioso de lo iniciático. Muchas veces una leyenda podía servir para plasmar un hecho místico, pero también para impartir una enseñanza de cómo vivir y trabajar de manera honesta y siendo grato a Dios. Ambas formas podían ser válidas dentro de la economía de la salvación, pero sin duda tenían un carácter distinto. Por otra parte, no debemos olvidar que los gremios no eran únicamente asociaciones profesionales, sino también devocionales, que articulaban de manera religiosa toda la vida de sus miembros desde que entraban en él, en torno a los doce años, hasta el momento de la muerte.

Desde los manuscritos Regius y Cooke hasta los siguientes documentos de Antiguos Deberes transcurren unos 170 años de los que no se conserva documento alguno. Esta ausencia de manuscritos de Antiguos Deberes se debe en parte a la Guerra de las Dos Rosas, pero, sobre todo, al cisma anglicano. Aunque hoy en día la masonería nos parezca bendecida por la nobleza inglesa, en su momento el cisma anglicano supuso una coyuntura enormemente crítica para los gremios, incluida la masonería. Los gremios eran unas asociaciones con una fuerte impronta católico romana, lo que hizo que la corona los percibiese, con razón, como radicalmente opuestos a la implantación de la nueva Iglesia de Inglaterra. Esta fue la primera ocasión en que, con el fin de evitar la persecución de sus miembros, los masones quemaron parte de sus documentos, entre ellos muchos manuscritos de Antiguos Deberes, de los que no queda rastro hasta 1583, momento en que encontramos el manuscrito Gran Logia nº 1, perteneciente a una época y contexto religioso diferente, pues ya habían pasado cincuenta años del cisma anglicano, y la realidad política y religiosa de Inglaterra era muy distinta.

OBRA RECOMENDADA

El estudio documental sobre el REAA más importante publicado hasta la fecha.

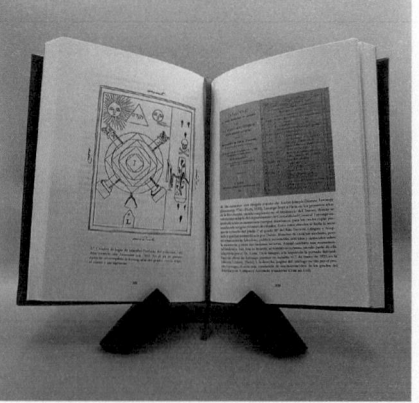

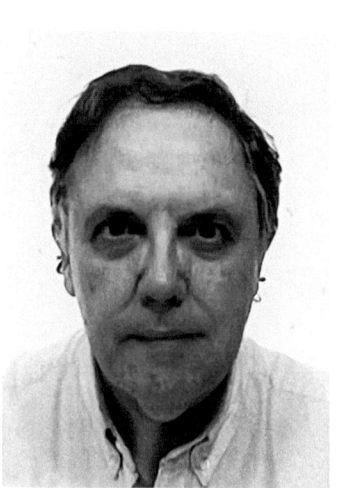

Gaston Clerc, Doctor Arquitecto al servicio del MISSM. Iniciado en la Gran Logia de España (GLE), en la RL Arquímedes; y Miembro fundador de varios Talleres simbólicos y filosóficos de diversos Ritos, donde ha ejercido como Venerable Maestro. Fue Gran Oficial provincial y nacional de la GLE; y, durante más de cinco años, Gran Secretario del Supremo Consejo del Grado 33° y Último del Rito Escocés Antiguo y Aceptado (REAA) para España. Desde enero de 2012, es el Gran Maestro de la Gran Logia Regular de España de Menfis-Mizraim (GLREMM), Soberano Gran Comendador de su Supremo Consejo, Presidente de su Soberano Santuario y Miembro del Soberano Santuario Internacional del Rito Antiguo y Primitivo de Menfis-Mizraim (RAPMM). Grado 33° del REAA; Grados 66°, 72°, 90°, 95°, 96°, 97° y 98° del RAPMM; CBCS; Caballero del Temple, de Malta, de Rodas y de Palestina; pasado Secretario Mundial de la OMI y actual Presidente de la OMI-OMMI (Gran Colegio Hermético de la Federación Internacional), en calidad de S∴I∴L∴I∴ (LI-VI); pasado Gran Maestro del Rito de Cerneau (2015) y de la Fraternité Hermétique de Louxor (2016-2019); Réau+; y Obispo de la Iglesia Gnóstica (IGE). Gran Hierofante del Rito (99°) y Gran Maestro Mundial en la Federación de Grandes Logias Regulares de Menfis-Mizraim (17/03/2020). Responsable de la traducción y adaptación de *El Rito Antiguo y Primitivo de Menfis-Mizraim: Del Mito a la Realidad*, de Agastya (2016); y autor de numerosos artículos en revistas nacionales e internacionales, así como de varios libros de divulgación masónica, iniciática y esotérica: *Teúrgia Operativa* (2015), *Los Diez Libros de la Cábala Mística* (2019)…

DEL ARTE
EN LA MASONERÍA EGIPCIA

LAS ARTES LIBERALES
EN EL
RITO DE MENFIS-MIZRAIM

Gaston Clerc

«Lo que buscas… te está buscando».

Carl Gustav Jung (1875-1961)

Uno de los aspectos más importantes de la Masonería es aquel que, por caminos muy diversos y complejos, se conduce al buscador hacia un mismo objetivo: el sublime desentramado de la realidad; es decir, que por diversos procedimientos rituales se adquieren *progresivamente* las Herramientas para que, por iniciativa propia y con su único esfuerzo personal, el que pretende ser conocido por sus iguales como un verdadero Masón reconozca las Artes que le atestiguan como tal. Casi siempre, este objetivo está enmascarado por infinidad de símbolos y tinieblas que no permiten su completa percepción y asimilación hasta el mismo instante de la Maestría.

DEL ARTE EN LA MASONERÍA EGIPCIA
LAS ARTES LIBERALES EN EL RITO DE MENFIS-MIZRAIM

En lo más profundo de cualquier buscador se encuentra el *fuego secreto* que le incitará, aún sin pretenderlo, a realizar esfuerzos o trabajos que en el mundo profano jamás hubiera osado y pretendido. Ese *fuego secreto* suprasensible, esa chispa de luz invisible, de energía espiritual, es la que unirá a todo ser humano con su realidad más desconocida: aquella que habita en su mente («*si se entrena la mente de manera regular, el cerebro cambia; y la persona, también*»; por ello, el Masón que busca la verdadera maestría debe procurar que su mente trabaje con benevolencia y amor fraternal). Aquí estamos hablando del llamado *hombre de deseo*, de ese buscador altruista, perseverante y empático que, pese a reconocer los símbolos misteriosos y usar las Herramientas de su Oficio, admite que aún está muy lejos del verdadero conocimiento que hace posible el progreso de la Humanidad. Ese reconocimiento implícito (*y progresivo*) es lo que le separa sustancialmente del *hombre del torrente*, de aquel ser que viaja por el mundo de las sensaciones y de la materia sin percatarse del verdadero sentido de su existencia. Sólo el que comprende, desvela y revela esa ambivalencia es digno de admitir que la Belleza es el *Esplendor de la Verdad*, tal como escribió Éliphas Lévi (Alphonse Louis Constant, 1810-1875).

Cabe resaltar que el papel preponderante de la mente ya se había recogido en el primer verso del *Dhammapada*, cuando se menciona que «la mente precede a todo lo concebible; la mente lo gobierna y lo crea» (Siddhārtha Gautama); y «cuando hay claridad de mente, se dice que se está en vigilia» (en iluminación, sin dudas, saboreando la Verdad); siendo *«la vigila el Camino de la Vida: sólo el hombre común* [(hombre del torrente)] *duerme, como si ya estuviera muerto* [(esta afirmación se tratará más adelante, cuando se mencione al escritor Frank Herber)]*; pero el Maestro* [(hombre de deseo)] *está despierto, y vive eternamente. El Maestro siempre está vigilante, tiene claridad* [(es decir, luz y percepción integral de la realidad circundante; ya sea mediante el conocimiento de las Artes Liberales o por un trabajo de introspección)]*; y es feliz, porque percibe que estar despierto es vivir. Está feliz* [(se libera del sufrimiento)]*, porque sigue la Senda de los Despiertos* [(o de la Iluminación)]. *Con gran perseverancia medita, buscando la libertad* [(paz interior)] *y la felicidad* [(serenidad)]» (*Dhammapada*). El que quiera profundizar más en este aspecto, puede leer *Conciencia cósmica: un estudio sobre la evolución de la mente humana* (1901), del psiquiatra y místico anglocanadiense Richard Maurice Bucke (1837-1902), donde se tratan los efectos de experimentar la luz interior o *fuego secreto* (que imprime una elevación moral e intelectual, muy en la línea de las pretensiones de cualquier buscador de la verdadera Iniciación); sirviendo de base a autores posteriores: Ouspensky, Gurdjieff y Huxley.

DEL ARTE EN LA MASONERÍA EGIPCIA
LAS ARTES LIBERALES EN EL RITO DE MENFIS-MIZRAIM

Pero para entender qué es la Belleza, es necesario conocer las *Artes Liberales*; y eso es lo que hace que todos los Ritos y Regímenes masónicos formen parte de un *único tronco iniciático*: todos los Aprendices, después de permanecer un tiempo en *silencio* en el Templo de la Razón, que es el de la Verdad y de la Justicia, deben conocer esas Artes Liberales, como preludio para enfrentarse a la Maestría (su despertar a la *conciencia cósmica*): su verdadera prueba ante sí mismo y ante su Creador. No olvidemos que, en gran parte, dentro de lo que denominamos Masonería Especulativa, esa Belleza es de *índole moral*; y, como tal, tiene su directo reflejo en la bondad: ser bondadoso, benevolente, compasivo y comprensivo con el otro, con su igual, es hermoso, es bello; y para ser bondadoso con «inteligencia» («la base de un cerebro sano es la bondad», tal como concretó Richard Davidson, doctor en neuropsicología y especialista en neurociencia afectiva, 2017), con Arte, con Maestría (con las virtudes), es preciso ser justo; y para ser justo, es necesario actuar dentro de los límites de la Razón (la bondad es la argamasa que hace posible la empatía, la felicidad y la fraternidad, tal como lo entendemos los Masones; pues «la bondad hace que nos sintamos en armonía con nuestro ser», Matthieu Ricard, monje budista, 2020). Y eso implica que si queremos impartir justicia (con equidad; pues «la justicia no tiene sentido sin compasión») o queremos ser justos en/con nuestras relaciones iniciáticas, familiares o profanas es preciso (*indispensable*) tener un conocimiento «justo y perfecto» de la realidad circundante; y eso implica ser consciente de la Verdad y de las Virtudes (*que son la Fuente de la Sabiduría*), lo que exige tener una noción exacta (*o lo más amplia posible*) de lo que representa el ser (el que *soy*, el yo) y sus relaciones con el otro (el que *no soy*).

Las Artes Liberales son siete (7), y se agrupan en dos bloques: el *Trivium* y el *Quadrivium*. El primero, el *Trivium*, ya desde el siglo IX toma su nombre de las «*tres vías*», y se compone de tres Artes *invisibles*: Gramática, Retórica y Lógica; o sea, las Artes Espirituales, por su relación con el número *tres*, que forman el *Triángulo* equilátero o Delta, manifestación del Creador o del Sublime Arquitecto, «*sacralizado en su centro*» con la letra *Gamma* (G). Esta letra griega (vinculada a la *Gamel* fenicia y a la *Guímel* hebrea), que según la isopsefia tiene valor *tres*, refiere a la azuela egipcia, el instrumento que servía a los sacerdotes de la Casa de la Muerte para la Invocación, para abrir la boca y los ojos al fallecido (aunque también se utilizaba en ciertas ceremonias de Iniciación), en alusión a las dos facultades por las que se manifiesta la vida: la palabra (la voz, «*la vibración surgida del fuego secreto*») y la visión (el sentido físico -pues aquí no me refiero a la visión espiritual- por el que lo material circundante penetra en la mente, para ser interpretado, procesado e interiorizado por el *fuego secreto*). Estas tres Artes *invisibles* o espirituales también se asociaban con las tres virtudes teologales: Fe, Esperanza y Caridad. En el Rito de Menfis-Mizraim se expresa con el Atar Triangular que se sitúa sobre el tapiz rectangular o solado ajedrezado de 108 casillas, en el centro del Templo de la Verdad y de la Justicia; y refiere al *plano sagrado*, en alusión al Creador (la pre-Existencia, el Todo).

El segundo bloque, el *Quadrivium*, las Artes de las «*cuatro vías*», tal como las llamó Boecio, lo integran las Artes Matemáticas o *materiales*: Geometría, Aritmética, Música y Astronomía. Es decir, este bloque remite al número *cuatro*, y, simbólicamente, configuran los ángulos y los lados el *Cuadrado* perfecto, que es la manifestación *primaria* de la Creación (su desarrollo se expresa con el Cubo Perfecto); y también se simboliza con los cuatro Órdenes de Arquitectura y las cuatro virtudes cardinales: Prudencia, Templanza, Justicia y Fuerza. En el Rito de Menfis-Mizraim se manifiesta con el Atar Cuadrado, que se utiliza en determinadas ceremonias; y se refiere al *plano material*, en alusión a la Creación (la Existencia, el Universo, la Particularidad).

Debe entenderse que el concepto de «*Ars*» se asimila con el de doctrina o teoría; y no con la definición actual, que implicaría asociar el concepto al de Artes o Ciencias profanas, es decir, Conocimientos. Por lo tanto, las siete Artes Liberales «*son para el hombre medieval el orden fundamental del Espíritu*» (siglo XII) y de la Materia en su totalidad (la Naturaleza o Cosmos); en definitiva: la imagen del Universo (Cosmos), tanto de lo invisible (celeste) como de lo visible (terrestre). Desde una más perspectiva hermética, dos de las virtudes morales enunciadas por Platón en *La República*, la Fortaleza y la Justicia, la primera porque procede de ejercer de manera contenida las emociones o el Espíritu y la segunda por manifestarse sólo en presencia del orden divino, se refieren a lo invisible (celeste); mientras que la Prudencia y la Templanza, por estar en relación con la Razón, la primera porque viene de su ejercicio y la segunda porque es aquella la que anula los deseos, se refieren a lo visible (terrestre). Por ello, en cierta medida, las siete Artes Liberales tienen una componente ético-moral que se escapa al estudioso no aventajado o al mero observador: presérvese, conózcase, véase y sírvase del Conocimiento, del *fuego secreto*, para comprender e interiorizar las *Fuentes de la Sabiduría*.

La Geometría favorece el entendimiento de que existe una «correspondencia analógica entre el mundo divino, el mundo espiritual y el mundo humano» (Ramón Llull); siendo el Universo invisible o trascendente el que engloba a los mundos divino y espiritual, y el visible o terrestre el que remite a lo humano (perceptible mediante los *cinco sentidos*, aunque involucra al plano ético-moral; quedando por descubrir otros cuatro sentidos durante el Pase al segundo Grado: «nueve son los sentidos», que son la manifestación de *los nueve demiurgos* (la Enéada) de los que se sirve el Sublime Arquitecto del Universo («y de todos los Mundos y Planos posibles»), para ordenar y perfeccionar su Obra; bien entendido que es el propio Creador (pre-Existencia)

DEL ARTE EN LA MASONERÍA EGIPCIA
LAS ARTES LIBERALES EN EL RITO DE MENFIS-MIZRAIM

el que hace partícipe de su Obra al Hombre (su Creación, la Existencia), para que éste colabore y para que, de acuerdo a sus facultades innatas y diversas capacidades adquiridas, «complete lo prescrito» en el Plano de Obra.

En la ceremonia de Pase a Compañero, el Venerable Maestro dice: «este método, aplicado con perseverancia, es el único susceptible de transformar la chispa [(el fuego secreto)] depositada en vos, durante vuestra Recepción al grado de Aprendiz, en una verdadera Luz Interior, donde Conocimiento y Razón colaboran y se controlarán mutuamente»; y eso hace posible (siempre de acuerdo con las capacidades individuales) el *crecimiento personal*. Las dos Herramientas que se le proporcionan al Hermano que ha sido admitido para que realice el *Tercer Viaje* son la *Escuadra* y el *Compás*; pues la Geometría (G) es la rama de las Matemáticas que se centra en el estudio de las *propiedades ocultas* de líneas, planos, ángulos, formas, sólidos, distancias y sus diversas relaciones y correspondencias; ya sean físicas o metafísicas.

Si volvemos a Éliphas Lévi, entenderemos el verdadero significado de este misterioso juego de palabras: la Verdad, la Realidad, la Razón, la Justicia y la Providencia son los cinco Rayos de la *Estrella Flamígera*; en cuyo centro, la Ciencia escribirá la palabra «*Ser*» (G, *Gamma*, tres), a la que la Fe añadirá el «*Nombre Inefable de Dios*» de cuatro letras (con ello, el plano ético-moral se une o asocia al plano sagrado de la pre-Existencia; que es invisible por naturaleza, pero que se percibe *indirectamente*). La Verdad es la Realidad; y la Verdad es la madre de la buena Fe y la hermana de la Justicia. Parece que todo se reúne bajo un mismo símbolo arquetípico: el que recorre la Senda de la Iluminación debe *conocer, reconocer* y *aplicar* el Arte «*en su conjunto*», trabajando por la consecución final de la Gran Boda alquímica, como preludio del triunfo de la Inteligencia sobre la Fuerza, irracional e inhumana (la que lleva al Hombre a los planos más ignominiosos de su Existencia); que, para mejor comprensión y aprendizaje, se ha subdividido en las siete Artes Liberales. «La Fe separada de la Ciencia lleva, con facilidad, al Fanatismo; por eso, lo que salvará al Mundo será la Ciencia justificando la Fe» (Éliphas Lévi). Para el buen observador, fácil será reconocer que lo *opuesto* (léase, *complementario*) a esas Artes Liberales o Pilares de la Sabiduría son los siete Pecados Capitales; pero también las siete Virtudes, las tres teologales (Fe, Esperanza y Caridad) y las cuatro cardinales (Prudencia, Templanza, Justica y Fuerza); o sea, la aplicación «integral y conjunta» (en su totalidad) de esas siete Artes debe conducir al *Hombre del Torrente* por caminos misteriosos e insondables, siempre complejos y arduos (*nunca debe escogerse el camino más fácil y de trayecto más corto*), al reconocimiento preciso y a la aplicación consciente de las Virtudes que permanecen ocultas en el ser (en el *yo soy*); bien entendido que esas Virtudes, esas Artes, «no se aprenden en abstracto», ya sea en los Rituales y en los Catecismos del Grado, sino que hay que buscarlas (de manera consciente y proactiva), uniéndose a aquellos que las poseán, llámense Adeptos o Maestros, para poder aprenderlas y aplicarlas en su justa y verdadera medida. Pero esto no nos conduciría a ningún objetivo viable y provechoso «sino fuéramos capaces de transmutar el afecto, la bondad y la fraternidad, en virtud». El doctor Richard Davidson afirma que la Virtud, con mayúsculas, es la que activa la zona motora del cerebro; haciendo posible que el sentimiento ético y moral (bien entendido que «no hay que aprender por aprender, sin alimentar estos conocimientos de un aprendizaje moral», François Rabelais (1494-1533)) sea «reinterpretado como racional»; y, tal vez, sea ese el verdadero trabajo que debiera practicarse en el seno de cualquier Logia.

Las Artes Liberales en el Rito

En el Rito de Menfis-Mizraim, al igual que en otros Ritos y Regímenes, el Compañero es el que recibe las nociones fundamentales de las Artes Liberales. Es, por ello, que sólo el Compañero que ha terminado su Trabajo en Logia con *aprovechamiento*, puede pronunciar unas palabras llenas de significado oculto: «*He visto arder la Estrella*». Por desgracia, muy pocos Maestros comprenden el sentido exacto y profundo de estas palabras; lo que ha provocado que en los Rituales aparezca el siguiente comentario: «*algunos Masones saben leer y escribir, pero muy pocos entienden lo que leen y escriben*». Debemos entender esta frase desde una perspectiva simbólica y genérica; pues lo que pretende es «*renovar el compromiso*» de los Maestros para que «*perseveren en su esfuerzo por comprender*», en todo momento, el sentido misterioso de las siete Artes Liberales (según Séneca, las que son dignas del *hombre libre* y que no tienden al lucro; es decir: las que sirven de modelo al *hombre de deseo*, que debe ser «*libre y de buenas costumbres*»).

Para realizar la Ceremonia de Pase al segundo Grado, de acuerdo con la Tradición, se pondrán *cinco* cartuchos escritos en caracteres gruesos dispuestos como sigue:

1. Los cinco *Sentidos manifestados*, apoyado en el Escaño del Secretario.
2. Los cuatro *Órdenes de Arquitectura*, apoyado en el Escaño del Orador.
3. Las siete *Artes Liberales*, apoyado en el Escaño del Segundo Vigilante.
4. Los cuatro *Grandes Iniciados* (más una «*inscripción misteriosa de cuatro letras*»), apoyado en el Escaño del Primer Vigilante.
5. La *Glorificación del Trabajo*, apoyado en el Escaño del Venerable Maestro.

Debe entenderse que estos *cinco* cartuchos o láminas expresan un proceso de «*revelación* y *elevación*» que concluye ante el Venerable Maestro, en el Oriente; advirtiéndose que las siete Artes Liberales (Gramática, Retórica, Lógica, Aritmética, Geometría, Música y Astronomía) se sitúan en la tercera posición, y en Occidente, quedando vinculadas al Segundo Vigilante, quien será el supervisor e instructor de las enseñanzas que le corresponderán al futuro Compañero. Estas consistirán en aquellas materias (ya sean símbolos, conocimientos o Herramientas) que proporcionen al Compañero un estado mental «*lo más satisfactorio que sea posible*», siempre en *perfecta armonía* (equilibrando Sabiduría, Fuerza y Belleza) *con nuestra propia naturaleza* y cultivando todas las cualidades y virtudes humanas; buscando la compasión, la bondad, la benevolencia, el altruismo, el discernimiento, el equilibrio emocional, la fraternidad y, en definitiva, la «*libertad interior*»; como paradigma de la plenitud humana, en correspondencia con el progreso de la Humanidad. Desde una perspectiva individual, todas estas enseñanzas proporcionarán al Compañero los instrumentos para *encontrar* su Yo interior, su verdadera personalidad.

El encuentro con las Artes Liberales tiene lugar durante el *Tercer Viaje* por la Logia, siguiendo el sentido *levógiro*, que debe realizar el Candidato al segundo Grado, guiado por el Hermano Experto; quien le habrá confiado las dos Herramientas que prescribe la Tradición. El Candidato parte de Occidente, por el Mediodía; regresando al mismo Horizonte, por el Septentrión. Se detendrá ante escaño del Segundo Vigilante; y allí, el Experto le hace observar y leer en voz alta el cartucho que lleva trazado los nombres de las siete Artes Liberales. Después, quedará a la espera entre Columnas, «*con el Corazón abierto*» (recordemos que las dos Columnas, «J» y «B», construyen, juntando sus respectivas iniciales, la voz egipcia IB, con el significado de «el Corazón, la sede del pensamiento, de la memoria, de la inteligencia, de la imaginación, del deseo y de la fuerza vital o fuego interno; o sea, es el Templo Interior, pero no el corazón físico que bombea la sangre por todo el cuerpo»); momento que será aprovechado por el Venerable Maestro para *hacerle ver* (e *incorporar* en su Templo Interior) el sentido simbólico y filosófico de su experiencia ritual: «Este Viaje representa al tercer año de estudios de cualquier Iniciado. Su simbolismo está suficientemente claro, y no necesita de largas justificaciones. Es evidente que el Francmasón debe, para aspirar a la Maestría perfecta, ser un hombre instruido y no un ignorante».

En ese momento, el que el Candidato recibe una instrucción bastante concreta de lo que son y representan cada una de las siete Artes, cuya descripción simbólica corresponderá a las dos primeras Luces de la Logia; aunque siempre recaerá en el Compañero la responsabilidad de profundizar, interiorizar y practicar esos siete Pilares de la Sabiduría o Fuentes de Virtud.

La Gramática, «la prima Arte» (Dante, *Paradiso*, XII), consistirá en la correcta manera *de hablar* en la Logia, con un lenguaje adecuado y preciso, justo y sencillo de comprender; *de escribir*, con una ortografía perfecta (según

DEL ARTE EN LA MASONERÍA EGIPCIA
LAS ARTES LIBERALES EN EL RITO DE MENFIS-MIZRAIM

Juan Luis Vives, 1493-1540, «*todo Maestro ha de ser buena persona y amante de las letras*»), consecuente con una terminología masónica y acorde con la tradición perenne y las prescripciones rituales que son de rigor en el Grado; *del porte de los Paramentos*, que serán exactos y completos; y *del uso correcto de los gestos y de las actitudes probatorias*, que serán las que correspondan en cada tiempo y lugar. San Isidoro propuso la integración de la Etimología en la Gramática, con cierta intencionalidad (*exigir del alumno que razone y reflexione más allá de lo evidente, buscando un conocimiento más profundo*): «pues si conoces el origen de una palabra, comprenderás mucho más pronto la virtud que encierra; toda cosa se capta más claramente cuando conocemos su etimología». La Gramática se une al destino de Elio Donato (preceptor de san Jerónimo, siglo IV d.C.) y de Prisciliano (siglo V-VI d.C.).

La Retórica permitirá al Francmasón expresar de forma elegante y clara lo que sea susceptible de comunicar al prójimo, ya sea profano o Hermano. Y como lo que se concibe bien, se enuncia claramente y sin dudar; el que daba intervenir, antes de tomar la palabra, sentirá poco a poco la necesidad de ordenar instantánea y previamente sus propias ideas, cuestiones y conceptos, para normalizar y regularizar el comportamiento del prójimo y del Hermano, o para rectificar su modo de pensamiento (que siempre será claro, simple y conciso; sin torceduras y silogismos que no conducen a nada). Así, habrá observado la vieja divisa masónica: «ORDO AB CHAO». El que deba intervenir ante todos y a petición de palabra, deberá adquirir el Arte del Ritmo, que es la Ciencia de las cadencias en materia de prosa. De esta manera, comprenderá, en su actuar y discutir, que el Templo Masónico, bajo su vocablo de Logia, procede de «*Logos*»; significando el papel eminentemente oculto de la Palabra. La Retórica se asocia con Cicerón (siglo I a.C.).

La Lógica es la Herramienta esencial de la Razón (según Erasmo de Roterdam, 1466-1536, «el Hombre no nace, se hace»; siendo su barbarie consecuencia de su *mala educación*; por lo que, tal como refiere en su *De pueris instituendis* (1528), propone un amplio y detallado programa liberal para educar e instruir al Hombre por el ejercicio productivo y reflexivo de la Razón, a fin de alcanzar una Sabiduría Universal); y, por ende, la gran oponente a la Ignorancia. Es el Arte de formar metódicamente el andamiaje de nuestras ideas, el Arte de ajustar el uso de las facultades del Entendimiento y de ligar nuestros conceptos para hacernos entender por todos y con el esfuerzo necesario para que nuestro razonamiento sea útil y provechoso a los demás, sin menoscabo de nuestras premisas y en favor de la Humanidad. «*Sólo hay que admitir una cosa como verídica, si parece indiscutiblemente tal*». Y, para ello, es preciso percatarse de las dificultades e incongruencias bajo todas sus facetas; no disimular nada, para someter todo a examen, para alcanzar una base sólida y una solución rigurosamente válida. Nada debe ser por el impulso del azar (de hecho, para el Masón, «el azar y la casualidad no existen; pues todo es fruto de la causalidad, o sea, del esfuerzo permanente, de las consecuencias que se generen o de la aplicación de unas Herramientas determinadas»); sino tras un razonamiento suficiente y contrastado: «no hay efecto sin causa»; «todo lo que nace proviene, necesariamente, de una causa; pues sin causa, nada puede tener origen» (Platón). Aquí conviene recordar las palabras de Michel de Montaigne (1533-1592): «vale más una cabeza bien hecha, que una cabeza bien llena»; es decir, el Masón egipcio, como el de cualquier otro Rito o Régimen, debe trabajar la reflexión y el espíritu crítico, de acuerdo con las *precisas* pautas simbólicas y humanistas que le proporciona la Iniciación («*la apertura de la mente*»); lo que implica actuar, decir y pensar según unos valores morales y éticos proporcionados por la Masonería. Según Rabelais, «la Ciencia sin conciencia, no es más que la ruina del Alma»; por ello, rechazó el conocimiento formal y dogmático y concluyó que la clave de la educación era el «Haz lo que quieras» (según la propia y libre voluntad y placer). En este sentido, recordemos que Rabelais quiso fundar una *escuela ideal*, una especie de monasterio sin relojes, sin normas y sin obligaciones, lejos de las rigurosas «reglas del ascetismo monástico» del medievo (pobreza, castidad y obediencia), que llamó Thélème (cf. *Gargantúa y Pantagruel*, François Rabelais, 1532-1564); y Thélème fue el modelo que siguió Aleister Crowley (1875-1947), exmiembro de la Masonería Egipcia en el RAPMM, con el grado 95º, y parte fundamental de la Golden Dawn y de la OTO, junto a Leah Hirsig (consagrada como su Babalon o su Mujer Escarlata), pintora y ocultista, para crear su Abadía de Thelema (Cefalú, Sicilia, 1920-1923), donde trabajó su ideal místico e iniciático bajo la máxima: «Haz tu voluntad: esa será toda la Ley» («El sufrimiento es opcional; pero el dolor es el primer paso hacia la Sabiduría», Frank Herber).

La Aritmética es la Ciencia de los Números y el de su manejo, siguiendo unas reglas precisas. El estudio de su simbolismo, con el de la Geometría, es esencial para cualquier Francmasón digno de ser reconocido como tal; ya que los números («*no decimos las cifras, que tan sólo son su ideograma*»), permiten acceder, por caminos insospechados, a una Filosofía oculta (entendida como *aspiración* para contemplar la Belleza y la Pureza del Cosmos, como la Obra planificada por el Uno, por el Sublime Arquitecto del Universo) y a una verdadera Metafísica; lo que trasciende a todo lo material y lo observable, es decir, a todo lo conocido y perceptible por los cinco sentidos clásicos. El neoplatónico Jámblico de Calcis, lo refiere de manera precisa y en su justa medida: «Todo está ordenado según el Número [...]. Todo está armónicamente dispuesto y convenientemente ordenado» (cf. *Vida pitagórica*).

DEL ARTE EN LA MASONERÍA EGIPCIA
LAS ARTES LIBERALES EN EL RITO DE MENFIS-MIZRAIM

En esta misma línea, en la Metafísica pitagórica, los diez primeros números (la Década o la Santa *Tetraktýs*, que es la figura triangular formada por
diez puntos ordenados en cuatro filas; con uno, dos, tres y cuatro puntos en
cada fila; *que se representa en el Rito Egipcio, adornando el Oriente, detrás
del escaño del Venerable Maestro, con un Triángulo equilátero y un Punto
negro en su baricentro, que geométricamente se corresponde con el Lugar
donde se situaría el número Cinco, símbolo del Hombre, que es, de acuerdo
con el humanista Pico della Mirandola, el Centro de la Creación*), fuente de
todos los demás números (*la manifestación de la totalidad del Universo; en
cualquiera de sus planos y dimensiones, visibles e imaginarias*), constituyen
la clasificación inicial de todos los números ordinarios, y, por consiguiente,
son las «*esencias*» metafísicas y transcendentes del Universo. Lo que el rey
Salomón, emblemático Gran Maestro de la Francmasonería Universal, escribe en su *Libro de la Sabiduría*, no deja dudas a ninguno que se considere un
Iniciado verdadero: «Pero Tú, oh, Eterno, ordenas todas las cosas con la medida, el número y el peso». Desde una perspectiva simbólica, la Aritmética
se asocia con Pitágoras (siglo VI a.C.); aunque también tiene vinculación con
la armonía musical, el ritmo, el orden cósmico, la métrica, la proporción armónica y la relación con lo trascendente (Música o Armonía de las Esferas).
«El Mundo es armonía y número» (Filolao de Crotona, 470-380 a.C.).

La Geometría es indiscutiblemente la «*verdadera*» Ciencia del Francmasón. «Qué nadie entre aquí si no es geómetra…», decía Pitágoras; pues no
hay nada más esotérico y misterioso, desde la perspectiva filosófica, que la
Geometría (G). Y el que quiera tomarse la molestia (*el buscador lo considera-
rá como una obligación*) de investigar en sus grandes teoremas esenciales y
en la preciosa y muy secreta Metafísica que allí está incluida y sembrada
(*muy oculta a los ojos de los profanos*), penetrará en un maravilloso «Jardín»; y sólo los humildes iniciados en este Arte, los que trabajan con sus
propias manos y sin miedo la Tierra Negra (la Fértil), que es la *Esencia de la
Sabiduría*, reconocerán la inmaculada y sublime fragancia de la Rosa. Escribió Voltaire en su *Cándido* (1759): «Debemos cultivar nuestro Jardín», en
clara alusión a que el buscador debe reconocer en su entorno «*el mal que le
acecha*»: la corrupción, el engaño, la mezquindad, la avaricia y la indiferen-
cia hacia el sufrimiento humano (los cinco males que unen al Hombre a la
desesperación y al fracaso). Desde una perspectiva simbólica, la Geometría
se asocia a Jabal, primogénito de Lamec y Ada (Jabal también fue el primer
constructor de *cabañas de madera* y de pequeños *santuarios de piedra*). Posteriormente, la Geometría se asoció con Euclides (siglo IV-III a.C.); siendo
uno de los personajes que la Masonería vincula con Abraham, el padre de la
Fe (Sabiduría), quien tiene por destino «reunir lo disperso» (cf. René Guénon). Citemos aquí que esta Fe, que es Sabiduría, reúne, en sí misma y por sí

misma, la Fuerza y la Belleza; pues no hay Fe sin Esperanza ni Caridad (Amor). La Fe insufla la Virtud y el Conocimiento (que procede del Arte o Ciencia); la Esperanza nutre la Templanza y la Paciencia; y la Caridad (Amor) surge de la Piedad y de la Fraternidad (*afecto fraternal*). Y todo esto sólo es posible en el seno de la Masonería; por eso la Geometría es su «verdadera» Ciencia (Arte).

La palabra Música procede de «*musa*», las nueve Musas que personificaban las nueve Ciencias esenciales que irradió Grecia a todo Occidente. En efecto, el Masón siempre debe ser ejemplar en sus virtudes y comportarse como una persona instruida. La letra «G» que resplandece en el centro de nuestra Estrella Flamígera, en el Oriente del Templo, es un recuerdo simbólico de ello. Proviene de la palabra griega «*Gnosis*» que significa «Conocimiento» (consiste en recibir al «*Espíritu de Sabiduría*» que nos da la Vida Eterna). Ya advirtió Clemente de Alejandría, en su célebre *Stromata*, su gran admiración por Platón, al decir que: «*si tuviéramos que escoger entre la Salvación y la Gnosis, nuestro interés sería escoger la Gnosis*». Pero mucho antes de la tradición alejandrina, el profeta Oseas (siglo VIII a.C.) ya estigmatizaba a la Ignorancia en estos términos: «Así habla el Eterno: «Mi pueblo ha sido destruido, porque perdió la Gnosis. Y puesto que perdió la Gnosis, yo lo rechazaré; y será despojado del Sacerdocio»» (Oseas 4:6).

Clemente fustigará igual a los sectarios de la Ignorancia: «¡Ay de vosotros, doctores de la Ley! ¡Porque tenéis las Llaves de la Gnosis, y sólo os habéis servido de ello para impedir que los demás accedan a ella!». Aquí viene a colación cuatro de las frases más enigmáticas del escritor Frank Herber (1920-1986; citadas en su obra *Dune*, 1965), que, entrelazadas, nos ofrecen una idea muy sugestiva de lo que debemos entender por Conocimiento (es decir, por Gnosis): «No hay Arte sin conciencia. No hay acción sin Conocimiento». «Sin acción, las palabras no tienen significado»; por eso, «el Conocimiento es el arma más poderosa que uno puede poseer». Pero, ¿qué es el poder? Herber nos contesta con justa precisión: «El verdadero poder no se obtiene al dominar a los demás, sino al dominarse uno mismo»; lo que está alineado con el concepto taoísta de *wú-wéi*, que propugna una «actuación armónica» (musical) con el orden natural del Universo (que enfatiza «el poder de ceder y la efectividad de la acción que está de acuerdo con los principios de la Naturaleza», siguiendo el flujo natural que impone el Creador, en lugar del ejercicio contundente e improductivo contra aquellos). Y en esto consiste la verdadera Gnosis: en el *dominio interior*, en el certero aprendizaje que nos proporciona la práctica consciente y buscada de las Virtudes (lealtad, humildad, compasión, honestidad); pues «el hombre sabio [(hombre de deseo)] *se moldea así mismo, mientras que el estúpido* [(*hombre del torrente*)] *vive tan solo para morir*» (Frank Herber, *Dune*). Tal vez, por esa razón «tan evidente para un verdadero Iniciado», Herber menciona en su obra que «no debemos olvidar que la Sabiduría nace de la humildad y del respeto por los demás»; y en eso también consiste el trabajo de un buen Masón: la práctica de la humildad, concebida como una *exigencia* para alcanzar la Luz: «La Fe no está en la Verdad. Está en la búsqueda de la Verdad»; aunque «la Verdad no siempre es agradable, pero es necesaria para el crecimiento personal» (Frank Herber, *Dune*). Es decir, la verdadera grandeza del Ser Humano es el *crecimiento personal*; lo que repercute en el resto de la Humanidad. En el Cierre de los Trabajos, el Venerable Maestro concreta su *identidad*: «Soy quien escribió la Ma'at, quien promulga las Reglas éticas; no sólo de los humanos, sino también de los dioses. Soy el Iniciador de la Gnosis...». Desde una perspectiva simbólica, la Música se vincula a Jubal, segundo hijo de Lamec y Ada; aunque también se identifica con la armonía pitagórica y la Aritmética: «*la Música es la Ciencia del Número sonoro*». La Música es el Arte más espiritual; ya que puede prescindir del elemento representativo y figurativo, y, en su caso, *significar, evocar o promover sentimientos elevados* (muy por encima de lo que puede transmitir la materia).

La Astronomía, tal como lo indica el origen griego de este término, que procede de «*aster*», que significa «astro», y de «*nomos*», que significa «ley», es la «*Ciencia de los movimientos de los cuerpos celestes*»; y, por consiguiente, del Tiempo (en referencia a Saturno-Cronos) y de los ciclos vegetales (en correspondencia directa con Osiris, el dios vinculado a la vegetación y a la agricultura, a la germinación y a la fecundidad de la Semilla; en definitiva, a la *Resurrección* y al *Eterno Retorno* postulado por el estoicismo; simbolizado por el Uróboros, la serpiente que se muerde la cola, «la manifestación de la naturaleza cíclica de todas las cosas y de la eterna lucha contra el destino y del eterno retorno de lo mismo» que se descubre tras las herméticas reglas de la causalidad). A menudo, designamos con los términos Uranografía y Cosmografía la parte puramente descriptiva de la Astronomía.

El Venerable Maestro incita al Candidato a que siempre tenga interés en estar al corriente de los diversos progresos conseguidos por esta Ciencia; ya que implica el conocimiento de la inmensa mayoría de las otras, como las Matemáticas, la Física, la Química, la Óptica, etc. Parece demostrado que siempre será más difícil para un Masón apasionado por la Ciencia del Cielo que se interese por temas vulgares o totalmente profanos; ya que la vista del firmamento estrellado, con su magnitud y belleza, es generadora de los más elevados pensamientos. El Primer Vigilante apostilla que, de todas las Ciencias y Artes, la Astronomía es la que puede iluminarnos mejor sobre nuestro *valor relativo*, sobre la relación de nuestro globo terrestre con el resto del Universo y sobre la *insignificancia de nuestra existencia material* en relación con nuestra «verdadera componente espiritual»; que es el nexo con nuestro

Creador. Aquí se hace hincapié en la trascendencia, el misticismo y la divinidad. En el Cierre de los Trabajos, el Venerable Maestro sigue desgranando su misteriosa *identidad*: «Soy el que lo calcula todo, el que cuenta y subdivide los años y los meses, el Guardián del Calendario. Soy el Maestro del Tiempo y de los Misterios Herméticos». El que consigue dominar este Arte, se transformará en un ser que *vivirá sin miedo*, sometido a la Rueda de la Existencia; pero «dominando su destino» como hombre de deseo y siendo consciente de su entorno y de su momento: «no hay más que esta Existencia, la vivencia del aquí y del ahora; y es en ella, sólo en ella, donde debemos aplicar toda la consciencia del instante y su importancia, así como de vivirlo plenamente». El misterio del Grado de Compañero se refleja en este Arte: «hay que vivir el presente, el ahora». Por otro lado, la Astronomía queda unida a Claudio Ptolomeo (siglos I y II d.C.), el constructor de *relojes de sol*; que es el medidor de los tiempos y de los ciclos perpetuos, el reflejo del Eterno Retorno y de la Existencia subyugado a la Rueda de la Existencia o *Samsāra*: «Todo queda reducido a cuatro estados: nacimiento, vida, muerte y resurrección»). Los Maestros zen afirman que, «si no se domina la mente, ella nos domina»; por eso, tener conciencia del ahora ayuda a dominar la mente y nos conduce por el camino de la felicidad y la plenitud (buscar lo extraordinario es una fuente de sufrimiento). Ese es el verdadero poder del ahora: los problemas sólo aparecen cuando se recuerda algo que ya pasó (bueno o malo, que ya no existe y no volverá) o cuando nos proyectamos al futuro, incluso al inmediato (construyendo metas imposibles). El tiempo es una ilusión: «cuanto más nos enfocamos en el tiempo, ya sea pasado o futuro, más se pierde el ahora; que es lo más precioso que existe». Esta es la instrucción que se oculta en este Arte, en la Ciencia del Cielo, que todo Compañero debe practicar como preámbulo a su Maestría.

Después de este examen rápido de las Artes Liberales, queda evidenciado que ninguna Ciencia debe permanecer ajena para el Francmasón; ya que todas ellas pueden ser la fuente de una Virtud. Luego, es bueno y aconsejable que el buscador posea nociones elementales sobre cada una de estas siete Ciencias o Artes, para evitar los errores y los prejuicios que una ignorancia absoluta podría acarrear en el normal desarrollo de aquel que pretende la verdadera y serena Iluminación. El Venerable Maestro concluye su intervención con la siguiente frase: «Trabajad, pues, en adquirir todas aquellas nociones que os falten, porque en las antiguas Iniciaciones el Neófito retornaba a la sociedad sólo después de haber recorrido el ciclo de los conocimientos humanos; y, sólo entonces, era realmente considerado como un Iniciado». ⚒

> «En las profundidades de nuestro inconsciente hay una obsesiva necesidad de un Universo lógico y coherente, pero el Universo real se halla siempre un paso más allá de la lógica» (Frank Herber, *Los proverbios de Muad'Dib*, Dune, 1965).

Luis Plà (Valencia 1956). Empresario jubilado se dedica al activismo social. Miembro activo de Valencia Laica (Europa Laica). Ha co-realizado 4 documentales: *Cayetano Ripoll y la Iglesia valenciana, la última víctima mortal de la Inquisición, Ladrones de vidas, niños robados en la Comunidad Valenciana* y *Al borde del principio, los últimos años del franquismo y la transición en el País Valencià* y *Al fascismo se le combate, la resistencia española contra los nazis en la Francia ocupada*. Está trabajando en un nuevo proyecto sobre un ilustre masón y político valenciano de la II República.

Toda su trayectoria masónica ha transcurrido de forma ininterrumpida en el Rito Francés. Iniciado en 2006 en una Logia española del Rito Francés del GODF donde aparte de otros oficios fue Venerable Maestro en tres ocasiones. Es recibido al I Orden de Sabiduría del Rito Francés en 2010 en el SC Rosa de Foc (GCGE-RF. En los Valles de Barcelona), En enero de 2019 deja el GODF para afiliarse a la Respetable Logia Mediterrània de Rito Francés al Oriente de Barcelona de la Gran Logia Simbólica Española. Maestro fundador (2022) y miembro activo de la Respetable Logia Palmira Luz de Rito Francés al Oriente de Valencia (GLSE). Fundador (2023) y miembro activo del Soberano Capítulo del Rito Francés Luz Mediterránea (GCGE-RF en los Valles de Valencia/Alicante). Desde 2022 ostenta el cargo, electo y temporal, de Muy Sabio y Perfecto Gran Venerable MSPGV (Presidente), habiendo sido anteriormente Gran Secretario de Asuntos Interiores del Gran Capítulo General de España del Rito Francés (GCGE-RF). Posee el V° Orden 3ª Arca de los Órdenes de Sabiduría del Rito Francés.

Ha realizado diferentes Conferencias sobre el Rito Francés, los Órdenes de Sabiduría del Rito Francés, Masonería y Anarquismo, Laicismo… en París, Zaragoza, Barcelona, Madrid, Valencia…

LAS
ARTES LIBERALES
Y EL
RITO FRANCÉS

Luis Plà

Y a en la época de griegos y romanos se consideraban las Artes Liberales fundamentales para el desarrollo de personas libres y cultas. En la Edad Media las Artes Liberales seguían estando asociadas con personas libres y con formación, objetivo que persigue la masonería en general y el Rito Francés en particular. Como sabemos el Rito Francés es un Rito Humanista que da una especial importancia a la laicidad y desde esta perspectiva es desde la que abordaré el presente artículo.

El Rito Francés, rito de fundación de la masonería, tiene desde sus inicios una estrecha vinculación con las Artes Liberales, por un lado al tener como referencia la masonería operativa en la cual el conocimiento de la Geometría era algo que se llevaba estudiando y trabajando desde hacía siglos y por otro lado al constituirse las primeras Logias especulativas vemos como se incorporan a ellas Hermanos provenientes de las artes y las ciencias, recordemos la conexión que hubo en sus inicios con miembros de la Royal Society.

Montesquieu fue aceptado en la Royal Society el 27 de febrero de 1730 e iniciado masón el 12 de mayo de 1730 en Londres. En su iniciación estuvieron presentes otros masones miembros de la Royal Society como Edgley Hewer, el doctor Arbouthnot, y los duques de Montagu y de Richmond (que se convirtieron en Grandes Maestres).[1]

Es con la Ilustración que las Artes Liberales amplían su concepto con el término Bellas Artes y se incorporan nuevas disciplinas como la danza, la escultura, la pintura… La Ilustración tiene una fuerte influencia en el Rito Francés, unir tradición y modernidad son unas de las señas de identidad de ambos.

En todas las Tenidas del Rito Francés, sean del grado que sean, el Orador da lectura a los Principios Generales de la Orden Masónica en cuyo texto se incluye el siguiente párrafo:

> La Francmasonería… tiene como objeto la búsqueda de la Verdad, el estudio de la Ética y la práctica de la Solidaridad; que trabaja para la mejora material, moral, y para el perfeccionamiento espiritual, intelectual y social de toda la Humanidad.

En este texto vemos que con respecto a las Artes Liberales se comparte una filosofía centrada en el desarrollo intelectual, la mejora personal y la búsqueda de la verdad. Me referiré a lo que clásicamente se conoce como Artes Liberales las cuales están divididas en dos bloques:

Trivium: Gramática, Dialéctica (Lógica) y Retórica. Relacionadas con el lenguaje.

Cuadrivium: Aritmética, Geometría, Astronomía y Música. Relacionadas con las matemáticas y las ciencias naturales.

Gramática

La Gramática nos enseña el uso correcto de las palabras.

Juega un papel fundamental en el desarrollo del masón, pues es necesaria para la correcta comprensión de los textos y rituales e imprescindible para la comunicación.

---

[1] Fuente: Robert Shackleton, *Montesquieu: Una biografía crítica*, Prensa Universitaria de Grenoble, 1977, pp. 97-114.

Durante la Iniciación en el Rito Francés, al profano se la plantean diferentes cuestiones, entre ellas se le dice textualmente:

La Francmasonería recomienda a sus miembros la difusión de sus ideas mediante el ejemplo, la palabra y los escritos…

En la Ceremonia de Iniciación del Rito Francés al profano se le describe en todo momento, con palabras muy concretas, el sentido de los diferentes hechos que se van produciendo. Palabras que muchas de ellas las irá interpretando con el tiempo según vaya avanzando en el conocimiento de la Gramática.

Durante su permanencia en el Grado, el Aprendiz deberá esforzarse en la lectura de textos así como en la redacción de Planchas, lo que tutelado por su Segundo Vigilante le hará avanzar en el conocimiento de la Gramática, enseñándole a ser preciso, conciso y claro en su lenguaje.

En los siguientes Grados Simbólicos de Compañero y Maestro se sigue profundizando en la redacción y comprensión de los textos pues como hemos dicho al principio la Gramática es necesaria para poder profundizar en el resto de las Artes Liberales.

El conocimiento de la Gramática contribuye al desarrollo del masón favoreciendo su capacidad de análisis y proporcionando las herramientas necesarias para una comunicación más efectiva.

En este sentido los Maestros tienen una gran responsabilidad, pues la redacción de sus Planchas y sus intervenciones tanto en la Logia como fuera de ella deberán servir de ejemplo a Compañeros y Aprendices.

Si el Maestro Masón, después de un tiempo en la maestría, decide continuar su camino iniciático a través de los Órdenes de Sabiduría (Altos Grados o Grados Filosóficos) del Rito Francés, se entiende que éste ya tiene un elevado nivel en el uso de la Gramática del todo necesario para poder comprender los relatos y leyendas que son el hilo conductor de los diferentes Órdenes de Sabiduría.

Retórica

Podemos definir la Retórica como el Arte de hablar bien, ordenadamente, buscando la belleza en las palabras, el conocimiento de la Retórica implica inexcusablemente el conocimiento de la Gramática y van íntimamente vinculados.

Es con la observación y la práctica que profundizaremos en nuestro conocimiento de la Retórica.

El Aprendiz se centrará principalmente en la observación, viendo como los Maestros de su Logia exponen sus Planchas y sus intervenciones. En su formación, la Retórica servirá para explicar los símbolos de forma clara y concisa revelando su dimensión espiritual y filosófica.

Quiero destacar que si bien en la mayoría de Logias del Rito Francés prevalece el silencio del Aprendiz esto no es algo dogmático ya que en ningún ritual está escrito. Durante el tiempo en el que está en su Grado habrá tenido la oportunidad de redactar Planchas y leerlas en la Logia. La lectura de Planchas, aunque sea un Aprendiz se hacen siempre en el sitial del Orador, por lo que en cada lectura que realice supondrá un ejercicio para la práctica de la Retórica, un ejercicio que realizará sin miedos ni prejuicios al encontrarse en un entorno totalmente fraternal.

El Compañero en sus viajes por otras Logias se enriquecerá con la diversidad que encontrará en ellas y empezará con sus primeras intervenciones en base a los conocimientos adquiridos también por la observación, la Retórica le permitirá exponer sus ideas con argumentos sólidos.

El Maestro, eternamente aprendiendo, tendrá el compromiso y la responsabilidad de esforzarse pues debe servir de ejemplo. En los debates filosóficos la Retórica le será de mucha utilidad para expresar sus ideas de manera clara y concisa, siendo capaz de inspirar a los demás y de transmitir los valores masónicos de forma eficaz.

La Retórica es necesaria para la correcta transmisión de conocimientos, permitiendo que los Hermanos comprendan el significado profundo de cada palabra, pudiendo establecer profundas emociones y sentimientos.

En el Ritual de Iniciación del Rito Francés hay un momento en que al profano se le dice: «Aquí no se pone trabas ni a la razón ni al sentimiento».

Es a través de la Retórica, con las palabras, que podremos acercarnos a nuestros Hermanos apelando a la razón y a los sentimientos.

La Retórica debe servir también para mantener la atención en las intervenciones y lectura de Planchas y crear el clima de solemnidad y respeto que deben caracterizar el trabajo en Logia, fortaleciendo a su vez los vínculos fraternales. Es normal y de desear que en la Logia se confronten diferentes opiniones, la Retórica nos proporciona herramientas para que esa confrontación se vea desde un punto de vista fraternal. Esto es muy importante en el Rito Francés pues al estar comprometido con la justicia social es normal que en la Logia se planteen diferentes puntos de vista de como analizar y abordar los problemas que acucian a la sociedad.

La Retórica juega un papel importante en la resolución de conflictos dentro de la Logia. La capacidad de escuchar, comprender y responder de manera adecuada a las opiniones de los demás es esencial para mantener la armonía y la unidad.

En resumen, podemos decir que la Retórica está íntimamente ligada a los valores masónicos fomentando la tolerancia y el respeto a las opiniones de los demás, desarrollando su capacidad de atención y de comunicación, siendo una herramienta esencial para la transmisión de conocimientos y la cohesión fraternal.

Lógica (Dialéctica)

Según qué fuente consultemos nos encontramos indistintamente como tercer Arte Liberal del Trivium, la Lógica o la Dialéctica.

En principio podríamos considerar que tienen el mismo sentido, pero si haciendo uso de la Aritmética profundizamos un poco en ella podemos encontrar diferentes enfoques.

La Lógica la podemos considerar como la ciencia de la razón en la búsqueda de la verdad, mientras que la Dialéctica sería el método de razonamiento buscando la verdad a través de la confrontación de ideas opuestas. En cualquier caso son perfectamente complementarias e inseparables la una de la otra. Si hay algo que caracteriza a la masonería liberal y adogmática es la búsqueda de la Verdad. En el Rito Francés la búsqueda de la Verdad se trabaja a través del estudio, la razón y la acción. En la lectura de los principios generales de la Orden Masónica que lee el Orador al inicio de todas las Tenidas se dice textualmente: «La Francmasonería es una institución… que tiene como objeto la búsqueda de la Verdad».

En el Rito Francés, en todas sus ceremonias, en todos sus grados, todo tiene una Lógica, a todo se le busca un sentido, se trabaja permanentemente en ello. En las Logias Azules o Simbólicas los símbolos se estudian y trabajan desde la razón, dándole cada uno su propia interpretación, poniéndolo en común con el resto de Hermanos, lo mismo sucede con los Órdenes de Sabiduría, a través de sus relatos y leyendas se trabaja en la búsqueda de sus mensajes filosóficos, mensajes que se proyectan hacia el futuro y la organización de una sociedad más justa.

El Arte de la Lógica y la Dialéctica son herramientas imprescindibles para la búsqueda de la Verdad. El Rito Francés no entra en concepciones metafísicas, que son del dominio exclusivo de la apreciación de cada persona, rechaza todo tipo de afirmaciones dogmáticas, da una especial importancia a la Laicidad, separando en su búsqueda de la Verdad lo público (lo que es común) de lo privado (lo que es particular).

Si algo caracteriza al Rito Francés es su llamada a la acción, es su compromiso con el *perfeccionamiento, espiritual, intelectual y social de toda la Humanidad*, en este sentido el Arte de la Lógica y la Dialéctica constituye un pilar fundamental, pues permite ir más allá de la simple reflexión intelectual.

Todo debate y confrontación de ideas debe llevarnos a un compromiso con las acciones que de sus reflexiones se deriven.

Con la Lógica cerramos el círculo del Trivium. Las Tres Artes están vinculadas entre si, necesitamos la Gramática para comprender las palabras y darles un uso correcto, la Retórica para ser capaces de exponerlas bella y ordenadamente y la Lógica junto con la Dialéctica para poder razonar y confrontar serenamente en la búsqueda de la verdad.

Podríamos comparar la Gramática con la Sabiduría, La Retórica con la Belleza y la Lógica con la Fuerza.

Aritmética

La podemos definir como la Gramática de las matemáticas, siendo la base de las otras tres Artes Liberales que componen el Cuadrivium. La Aritmética es la ciencia que estudia los números, las operaciones que se pueden hacer con ellos y sus propiedades. En masonería los números forman parte de todos los Ritos y todas las ceremonias (edad masónica, marcha, toques, baterías…)

En el Rito Francés los números no se relacionan con ningún sentido esotérico, religioso, ni divino, se trabajan a través del simbolismo que representan y que cada Hermano interpreta libremente.

Si tenemos en cuenta, como ya hemos dicho, que el Rito Francés tiene su eje en el pensamiento lógico y por tanto en la Libertad Absoluta de Conciencia, la Aritmética es el Arte que a través del estudio y conocimiento de los números nos ayuda a desarrollar habilidades de razonamiento, resolución de problemas y pensamiento crítico.

Geometría

La Geometría ha sido considerada tradicionalmente como el pilar de las Artes Liberales que componen el Cuadrivium, siendo fundamental para el avance del conocimiento científico y la formación intelectual. La Geometría nos enseña a ponderar la medida de las cosas, nos proporciona herramientas para comprender la estructura y las proporciones de la naturaleza.

El estudio de la Geometría nos posibilita una capacidad de abstracción que va más allá de lo concreto lo que fomenta la creatividad. La Geometría forma parte intrínseca de la masonería especulativa. Herramientas y símbolos como el delta, la escuadra, el compás, el nivel, la perpendicular…, están vinculadas a la misma.

Es en el grado de Compañero del Rito Francés en el que se empieza a profundizar en el estudio de la Geometría. Ya en la apertura de trabajos el Venerable Maestro refiriéndose a la letra «G» que contiene en su centro la estrella de cinco puntas inicia el siguiente diálogo con el Primer Vigilante:

¿Qué os evoca este símbolo?
…la letra «G» me guía hacia la quinta de las ciencias… La Geometría.

La Ceremonia del Pase a Compañero del Rito Francés Moderno Restablecido (RFMR) se desarrolla en torno a un pentágono trazado alrededor del Cuadro de Logia.

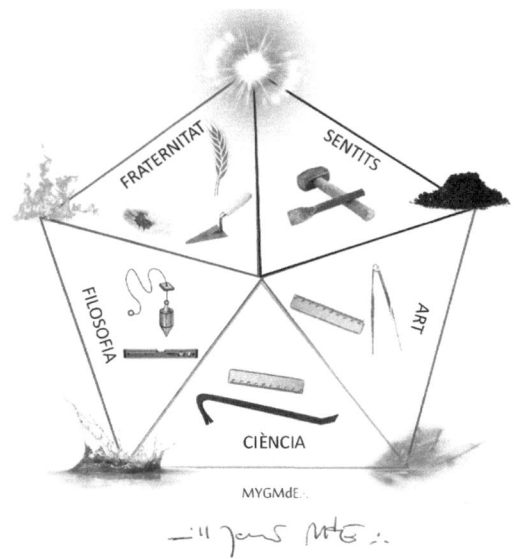

En el Segundo Viaje, dedicado a las Artes, se hace la siguiente referencia:

Un punto… solo y aislado… carece de toda cualidad.
Dos puntos distantes… sugieren medida, eje, simetría y dualidad.
Tres puntos indican relación, palanca, arco y fecundidad.
Cuatro puntos contrapuestos dos a dos, dan estabilidad.
Cinco puntos aluden a la vida, a los sentidos, al dinamismo, la construcción y la libertad.

En el Tercer Viaje, dedicado a las Ciencias, se hace la siguiente referencia:

El Aprendiz que conmigo viaja,
Domina ya el volumen y el peso de la piedra.
Ha admirado, de las columnas… su altura,
… también la bóveda de arcos… que las supera.
El secreto de su equilibrio desea comprender,
… y de su construcción… el mundo conocer.

En los dos párrafos anteriores extraídos de la Ceremonia del pase a Compañero del RFMR podemos ver cómo se conjugan la Gramática, la Retórica, la Dialéctica, la Aritmética y la Geometría.

La Geometría desarrolla habilidades espaciales y la capacidad de resolver problemas, es por tanto una de las Artes Liberales que más influencia tiene en el desarrollo del pensamiento crítico del masón. En el Rito Francés todo se cuestiona, a todo se le busca un sentido.

Astronomía

Se centra en el estudio del movimiento y la naturaleza de los cuerpos celestes y los fenómenos que ocurren en el Universo.

Esencial para determinar el tiempo, lo que entre otras cosas es fundamental para la agricultura, la meteorología, la navegación marítima y aérea, la organización de la vida social, el conocimiento de la naturaleza...

Posiblemente la Astronomía sea una de las Artes Liberales que desde la antigüedad más ha impulsado al hombre en su necesidad de conocimiento y en el desarrollo de la ciencia.

El hombre desde sus inicios, cuando ha levantado la vista y mirado al Universo ha tenido necesidad de buscar una explicación a todo aquello que desconocía.

El masón desde su Iniciación ya entra en contacto con el fuego, el aire, la tierra y el agua.

En el Rito Francés, junto al Sol y la Luna al Oriente, a la Logia la cubre el Universo con un cielo azul estrellado.

Al inicio de la Ceremonia de pase a Compañero se lee el siguiente texto:

Los escalones que conducen a la Luz son cinco:

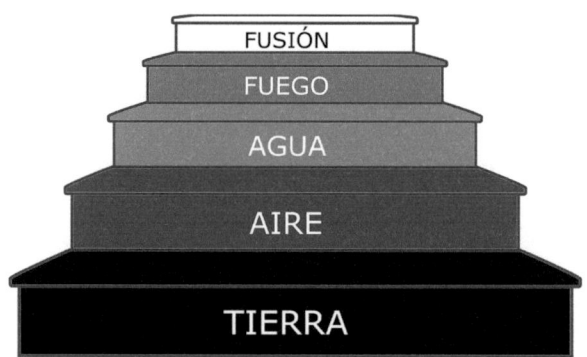

El primero es Negro, corresponde al signo de Saturno y alude a la purificación por la Tierra: Ir al fondo de uno mismo y de todas las cosas.

El segundo es Azul, corresponde a Júpiter y se refiere a la purificación por el Aire: Separar lo que es sutil de lo que es espeso.

El tercero es Verde, el color de Venus, y hace alusión a la purificación por el Agua: Concebir con ecuanimidad.

El cuarto es Rojo, por Marte, y corresponde a la purificación por el Fuego: Exaltación del fuego interno.

El quinto, Incoloro y Transparente, está en relación con Mercurio. Sólo es posible acceder a él tras la purificación total por los cuatro elementos, que se fusionan en la unidad de su quintaesencia común.

Vemos como en el Rito Francés se vincula la Astronomía no con conceptos mágicos ni esotéricos, sino con reflexiones filosóficas que cada masón interpretará.

Música

Con la Música concluimos las Artes Liberales que componen el Cuadrivium.

La música debió surgir por alguna necesidad de expresión y siempre ha acompañado a cualquier actividad, ofrendas, ritos, trabajos, amor y placeres, toca nuestro sentimiento a través de nuestros sentidos.

Platón dice: *«La música es una ley moral. Ella da alma a nuestros corazones, alas al pensamiento y movimiento a la imaginación. Ella es un arma para la tristeza, para la alegría, para la vida, para todas las cosas. Ella es la esencia del tiempo y se eleva de una forma deslumbrante y eterna».*

En masonería se interpreta no solo como una expresión artística, sino como una herramienta para el desarrollo tanto de la mente como del espíritu.

Aristóteles dice de la música: *«Lectura y escritura para el conocimiento, gimnasia para el cuidado del cuerpo y música para el alma».*

Es tal la importancia que da la masonería a la música que dentro de la estructura de una Logia existe un oficio con el nombre de «Maestro de la Columna de Armonía», que es el encargado de llenar los momentos musicales que se contienen en el desarrollo de una Tenida o Ceremonia.

Independientemente del Rito hay Logias que dan más o menos importancia a la inclusión de la Música en los trabajos masónicos.

En mi Respetable Logia Palmira Luz damos una gran importancia a la Música, nos ayuda a concentrarnos, a serenarnos, a contactar entre nosotros…, influye en nuestras emociones.

Es importante encontrar la música adecuada para cada momento.

La Música es universal y nos ayuda a comunicarnos independientemente de nuestras ideas, creencias o cultura.

Pitágoras dio a las vibraciones del sonido una medida, un orden, un cosmos, pura matemática.

Me atrevería a decir que la Música es el vínculo, el nexo de unión más fuerte entre el Trivium y el Cuadrivium, pues la música contiene notas, ritmos, tiempos, escalas, espacios, volumen… que elevan nuestros sentimientos.

Las Artes Liberales hoy

En el momento social que nos ha tocado vivir, donde un gran número de gente vive en una distopía, donde mucha gente se mueve a golpe de titulares sin profundizar en el fondo de las cosas, donde los bulos y noticias falsas están al orden del día… En un mundo donde la aparición de la Inteligencia Artificial permite crear imágenes donde es difícil discernir lo que es real de lo virtual, las Artes Liberales adquieren un papel fundamental.

La profundización en las Artes Liberales nos puede ayudar a los masones a enfrentar los desafíos de la sociedad del Siglo XXI.

Las Artes Liberales, con su enfoque en el desarrollo integral del individuo a través de la gramática, dialéctica, retórica, aritmética, geometría, música y astronomía, siguen siendo esenciales en la formación del pensamiento crítico y la capacidad de comunicación. En un mundo donde la información abunda y la verdad a menudo se diluye, estos conocimientos permiten a los masones analizar, razonar y comunicar con claridad y precisión, enfrentando así los retos contemporáneos con una base sólida de sabiduría y discernimiento.

Hemos visto que las Artes Liberales son ciencia, son sentimiento y nos llaman a la acción.

Si esto lo unimos a los valores masónicos de Libertad, Igualdad y Fraternidad, suponen la esencia de nuestro Rito Francés. ⚒

«Yo vengo de todas partes,
Y hacia todas partes voy:
Arte soy entre las artes,
En los montes, monte soy.
Soy un hombre sincero».
José Martí

Ediciones de Sabiduría Ancestral

LA
TABLA ESMERALDA
DE HERMES

Traducciones y comentarios

Max Heindel

MISTERIOS
DE LAS
GRANDES ÓPERAS

*Fausto, Parsifal,
El anillo del nibelungo,
Tannhäuser, Lohengrin*

Jean-Pierre Giudicelli de Cressac Bachelerie

POR LA ROSA ROJA
Y LA CRUZ DE ORO

Alquimia-hermetismo
y órdenes iniciáticas

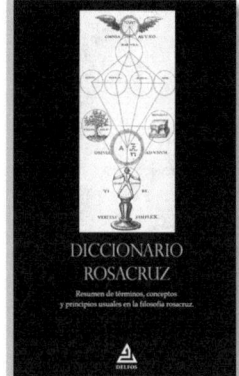

DICCIONARIO
ROSACRUZ

Resumen de términos, conceptos
y principios usuales en la filosofía rosacruz.

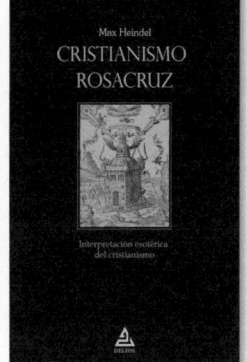

Max Heindel

CRISTIANISMO
ROSACRUZ

Interpretación esotérica
del cristianismo

EL
LIBRO
DE LA
LEY

Aleister
Crowley

Tres Iniciados

EL KYBALION

Los misterios de
Hermes

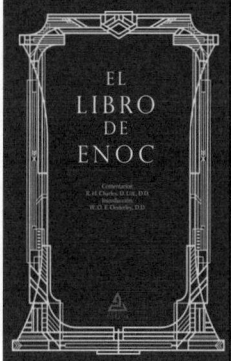

EL
LIBRO
DE
ENOC

Comentado:
R. H. Charles, M. LM, D.D.
Introducción:
W. O. E. Oesterley, D.D.

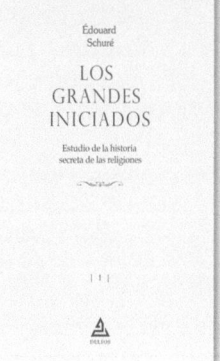

Édouard
Schuré

LOS
GRANDES
INICIADOS

Estudio de la historia
secreta de las religiones

NÚMEROS Y TEMAS ANTERIORES

(todos disponibles a la venta en papel y en formato digital)

Este número de la revista
C U L T U R A   M A S Ó N I C A
terminó de componerse en las colecciones
de la editorial MASONICA® en el día
21 de diciembre del año 2024.